中学英単語

聞いて書いて覚えるノート

文英堂

この本の特色と使い方

HOW TO USE

高校入試，特に公立高校の入試は教科書の影響を大きく受けます。「**教科書に掲載されている単語＝高校入試で必要とされる英単語**」と言っても言い過ぎではありません。

本書の姉妹書『**中学英単語 MAX3200**』では，全 6 種類の英語の検定教科書を徹底的に分析。日本全国の中学生が学ぶすべての必修英単語を，初出学年順に 5 つの STAGE に分けました。

本書は『**中学英単語 MAX3200**』準拠の書き込み式ノートです。単語集の中で，**特に重要で基本的な「STAGE 1 中 1 の英単語」〜「STAGE 3 中 3 の英単語」までの全見出し語が，聞いて書いて覚えられる**ようになっています。各 STAGE で学ぶ単語は次のとおりです。

STAGE 1	中 1 の英単語	（基本〜標準レベル）**672** 語
STAGE 2	中 2 の英単語	（基本〜標準レベル）**660** 語
STAGE 3	中 3 の英単語	（基本〜発展レベル）**633** 語

また，同じ仲間の単語といっしょに覚えた方が効果的なものを，「**まとめて覚える英単語**」として各 STAGE 末に掲載しました。

本書の各 STAGE は，基本的には，64 語で 1 セットのドリル練習の集合です。「**英単語」を覚えるには，目で見るだけでなく，耳や手なども連動させ，身体感覚で覚えるのがいちばん！** 本書では，以下の 3STEP のパターン練習で英単語を覚えられるようになっています。

STEP 1　スマホやタブレットで，ネイティブ音声を聞く。

ページに掲載の QR コードから，手軽に音声を聞くことができます（くわしくは右ページ）。書き込みページの左側にある英単語を見ながら，ネイティブ音声に集中して耳を傾け，英単語とその音声を頭の中でしっかり結びつけるようなイメージで覚えてみましょう。聞こえた音声を，自分でもまねて発声しながら取り組むと，さらに効果的です。

STEP 2　4 線ノートに，英単語を書く。

書き込みページの左側にある英単語を見ながら，4 線ノート方式の書き込み欄に書いて覚えましょう。なぞり書きを含めて，2 〜 3 回書く練習ができます。

STEP 3　「MAX CHECK!!」で確認する。

STEP1・2 で覚えた単語がきちんと頭に定着したか，かんたんなチェックテストで確認しましょう。わからなかったら，**STEP1** に立ち返ってください。チェックテストに取り組むことで，英文の中での単語の使い方も身につきます。

本書の単語とアイコンについて

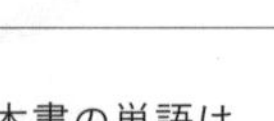

本書の単語は

中学英単語 MAX3200

の STAGE 1 〜 STAGE 3 までの単語と同じです。単語の通し番号も同じです。掲載しているアイコンは以下のとおりです。

品詞

名 名詞　接 接続詞　代 代名詞
形 形容詞　助 助動詞　間 間投詞
前 前置詞　動 動詞　冠 冠詞
副 副詞

注意

発音　アクセント　つづり

音声の再生方法について

HOW TO PLAY SOUNDS

本書の書き込みページの見出し英単語と「まとめて覚える英単語」は，以下の3つの方法で，ネイティブ・スピーカーによる英語音声とその日本語訳を聞くことができます。音声は「見出し語英語 → 日本語の意味 → 見出し語英語」の順に収録されています。

TYPE 1　スマートフォン・タブレットで手軽に再生！

各見開きページに掲載されたQR コードをお手持ちのスマートフォンなどで読みとり，表示されるURL にアクセスするだけで，その2ページ分の音声を聞くことができます。

TYPE 2　無料リスニングアプリで便利に再生！

音声再生用無料アプリ「**シグマプレーヤー 2**」を使えば，音声を一括ダウンロードできます。音声は「はやい」「ふつう」「ゆっくり」の3段階の速度で再生可能です。

リスニングアプリ（音声再生用）	SigmaPlayer2

SigmaPlayer2

無料アプリで文英堂の参考書・問題集の音声を聞くことができます。音声の速度を3段階に調整できます。
App Store，Google Play で「シグマプレーヤー」を検索！

●通信料は別途必要です。動作環境は弊社ホームページをご覧ください。●App Store はApple Inc. のサービスマークです。●Google Play はGoogle Inc. の商標です。

TYPE 3　パソコンでも再生できる！

文英堂 Web サイトから，MP3 ファイルを一括ダウンロードできますので，スマートフォンやタブレットがなくても，パソコンで音声を聞くことができます。

文英堂 Web サイト	www.bun-eido.co.jp

●音声およびアプリは無料でご利用いただけますが，通信料金はお客様のご負担となります。●すべての機器での動作を保証するものではありません。●やむを得ずサービス内容に変更が生じる場合があります。●QR コードは㈱デンソーウェーブの登録商標です。

CONTENTS

もくじ

MAX NOTEBOOK

STAGE 1

中1の英単語

レベル	:	基本 ～ 標準
単語	:	0001 → 0672

全国の多くの中学生が，１年生で出会う単語を集めました。音声を聞き，1字1字しっかり書いて，発音・意味・つづりまで着実にマスターしましょう！

001

Let's listen and write!

0001 —— 0032

No.	Word	Pronunciation	Meaning
0001	**about**	[əbáut] アバウト	前 ～について 副 およそ
0002	**after**	[ǽftər] アフタァ	前 ～のあとに 接 ～したあとで
0003	**afternoon**	[æ̀ftərnúːn] アフタァヌーン	名 午後
0004	**against**	[əgénst] アゲンスト	前 ～に反対して，～に対して
0005	**all**	[ɔ́ːl] オール	代 すべて（複数扱い） 形 すべての
0006	**also**	[ɔ́ːlsou] オールソウ	副 ～もまた
0007	**a.m.**	[éiém] エイエム	副 午前
0008	**another**	[ənʌ́ðər] アナザァ	形 もう1つの
0009	**any**	[éni] エニィ	形（疑問文で）何か，（否定文で）少しも（～ない）／（肯定文で）どんな～でも
0010	**anything**	[éniθiŋ] エニスィング	代（疑問文で）何か，（否定文で）何も
0011	**as**	[əz] アズ	前 ～として 接 ～のとおり，～のとき
0012	**ask**	[ǽsk] アスク	動（質問）～をたずねる
0013	**back**	[bǽk] バック	副 戻って 名 奥，背中
0014	**bad**	[bǽd] バッド	形 悪い
0015	**bath**	[bǽθ] バス	名 入浴，浴室
0016	**before**	[bifɔ́ːr] ビフォーァ	前 ～の前に 接 ～する前に

No.	単語	発音		意味
0017	**behind**	[biháind]	ビハインド	前 ～の後ろに，～に遅れて
0018	**bird**	[bə́ːrd]	バ～ド	名 鳥
0019	**bring**	[bríŋ]	ブリング	動 ～を持ってくる
0020	**call**	[kɔ́ːl]	コール	動 ～に電話する，～を呼ぶ 名 電話
0021	**can**	[kǽn]	キャン	助 ～できる
0022	**catch**	[kǽtʃ]	キャッチ	動 ～を捕まえる
0023	**change**	[tʃéindʒ]	チェインヂ	動 ～を変える，変わる 名 変化，おつり
0024	**child**	[tʃáild]	チャイルド	名 子ども
0025	**choose**	[tʃúːz]	チューズ	動 ～を選ぶ
0026	**city**	[síti]	スィティ	名 都市
0027	**classmate**	[klǽsmèit]	クラスメイト	名 クラスメート
0028	**climb**	[kláim]	クライム	動 ～を登る
0029	**come**	[kʌ́m]	カム	動 来る
0030	**could**	[kúd]	クッド	助 （canの過去形）～できた
0031	**country**	[kʌ́ntri]	カントゥリィ	名 国
0032	**course**	[kɔ́ːrs]	コース	名 コース，進路，講座

002

Let's listen and write!

0033 —— 0064

No.	Word	Pronunciation	Meaning
0033	**cousin**	[kʌ́zn] カズン	名 いとこ
0034	**day**	[déi] デイ	名 日，曜日
0035	**dear**	[díər] ディア	形 親愛なる
0036	**different**	[dífərənt] ディファレント	形 異なった
0037	**difficult**	[dífikʌlt] ディフィカルト	形 難しい
0038	**dinner**	[dínər] ディナァ	名 夕食
0039	**drop**	[drɑ́p] ドゥラップ	動 落ちる，～を落とす 名 しずく
0040	**during**	[djúəriŋ] デューアリング	前 ～の間
0041	**early**	[ə́:rli] アーリィ	副 早く 形 早い
0042	**easily**	[í:zəli] イーズィリィ	副 簡単に
0043	**elephant**	[éləfənt] エレファント	名 ゾウ
0044	**evening**	[í:vniŋ] イーヴニング	名 晩，夕方
0045	**event**	[ivént] イヴェント	名 できごと，行事
0046	**every**	[évri] エヴリィ	形 すべての
0047	**everyone**	[évriwʌ̀n] エヴリワン	代 みんな（単数扱い）
0048	**excited**	[iksáitid] イクサイティッド	形（人が）わくわくしている

No.	単語	発音	意味
0049	**family**	[fǽməli] ファミリィ	名 家族
0050	**famous**	[féiməs] フェイマス	形 有名な
0051	**fan**	[fǽn] ファン	名 ファン
0052	**fish**	[fíʃ] フィッシ	名 魚
0053	**follow**	[fálou] ファロウ	動 ～に従う
0054	**free**	[fríː] フリー	形 自由な，無料の
0055	**from**	[frə́m] フラム	前 ～から
0056	**full**	[fúl] フル	形 満たされた
0057	**fun**	[fʌ́n] ファン	名 楽しみ 形 楽しい
0058	**get**	[gét] ゲット	動 ～を手に入れる
0059	**give**	[gív] ギヴ	動 ～を与える
0060	**guitar**	[gitáːr] ギター	名 ギター
0061	**hear**	[híər] ヒア	動 ～を聞く
0062	**help**	[hélp] ヘルプ	動 ～を助ける 名 手助け
0063	**here**	[híər] ヒア	副 ここに
0064	**history**	[hístəri] ヒストリィ	名 歴史

MAX CHECK !!

0001 — 0064

CHECK 1

0001 ～ 0064 の英単語を覚えているか確認しましょう。

① 来る

② ～のあとに

③ 日

④ 異なった

⑤ 夕食

⑥ 悪い

⑦ 簡単に

⑧ いとこ

⑨ 難しい

⑩ すべて

⑪ ～として

⑫ ～の前に

⑬ ～に電話する, ～を呼ぶ

⑭ 家族

⑮ クラスメート

CHECK 2

0001 ～ 0064 の英単語をフレーズで書いて確認しましょう。

① 午後に　in the ＿＿＿＿

② ふろに入る　take a ＿＿＿＿

③ スケジュールより遅れて　＿＿＿＿ schedule

④ 魚を捕まえる　＿＿＿＿ a fish

⑤ 電車を乗りかえる　＿＿＿＿ trains

⑥ 本を選ぶ　＿＿＿＿ a book

CHECK 3 日本文と同じ意味になるように ＿＿＿ に適する語を書きましょう。

① 私はあなたの意見に反対です。

I am ＿＿＿＿＿＿＿＿ your opinion.

② 彼女はフランス語も話します。

She ＿＿＿＿＿＿＿＿ speaks French.

③ 私は昨日，午前7時に起きました。

I got up at 7 ＿＿＿＿＿＿＿＿ yesterday.

④ もう1杯のお茶はいかがですか。

Would you like ＿＿＿＿＿＿＿＿ cup of tea?

⑤ あなたは手に何か持っていますか。

Do you have ＿＿＿＿＿＿＿＿ in your hand?

⑥ 彼は私たちの先生に質問をしました。

He ＿＿＿＿＿＿＿＿ our teacher a question.

⑦ 私はすぐに戻ってきます。

I'll be ＿＿＿＿＿＿＿＿ soon.

⑧ かさを持ってきてください。

Please ＿＿＿＿＿＿＿＿ your umbrella.

⑨ 私は3歳のときに泳ぐことができました。

I ＿＿＿＿＿＿＿＿ swim when I was three.

⑩ みなさん，こんにちは。

Hello, ＿＿＿＿＿＿＿＿.

解答
CHECK 1 ① come ② after ③ day ④ different ⑤ dinner ⑥ bad ⑦ easily ⑧ cousin ⑨ difficult ⑩ all ⑪ as ⑫ before ⑬ call ⑭ family ⑮ classmate
CHECK 2 ① afternoon ② bath ③ behind ④ catch ⑤ change ⑥ choose
CHECK 3 ① against ② also ③ a.m. ④ another ⑤ anything ⑥ asked ⑦ back ⑧ bring ⑨ could ⑩ everyone

003

Let's listen and write!

0065 —— 0096

No.	Word	Pronunciation	Trace	Meaning
0065	**home**	[hóum] ホウム	home	名 家，家庭 副 家に
0066	**homework**	[hóumwə̀ːrk] ホウムワ〜ク	homework	名 宿題
0067	**hope**	[hóup] ホウプ	hope	動 〜を望む 名 希望
0068	**hour**	[áuər] アウァ	hour	名 時間
0069	**idea**	[aidíːə] アイディーア	idea	名 考え
0070	**important**	[impɔ́ːrtənt] インポータント	important	形 重要な，大切な
0071	**interested**	[íntərəstid] インタレスティッド	interested	形 興味を持った
0072	**job**	[dʒɑ́b] ヂャブ	job	名 仕事
0073	**just**	[dʒʌ́st] ヂャスト	just	副 ちょうど，たった
0074	**king**	[kíŋ] キング	king	名 王
0075	**know**	[nóu] ノウ	know	動 〜を知る
0076	**language**	[lǽŋgwidʒ] ラングウィッヂ	language	名 言語
0077	**last**	[lǽst] ラスト	last	形 最後の（lateの最上級の1つ），この前の
0078	**late**	[léit] レイト	late	副 遅くに，遅れて 形 遅い
0079	**later**	[léitər] レイタァ	later	副 あとで
0080	**life**	[láif] ライフ	life	名 生活，命，一生

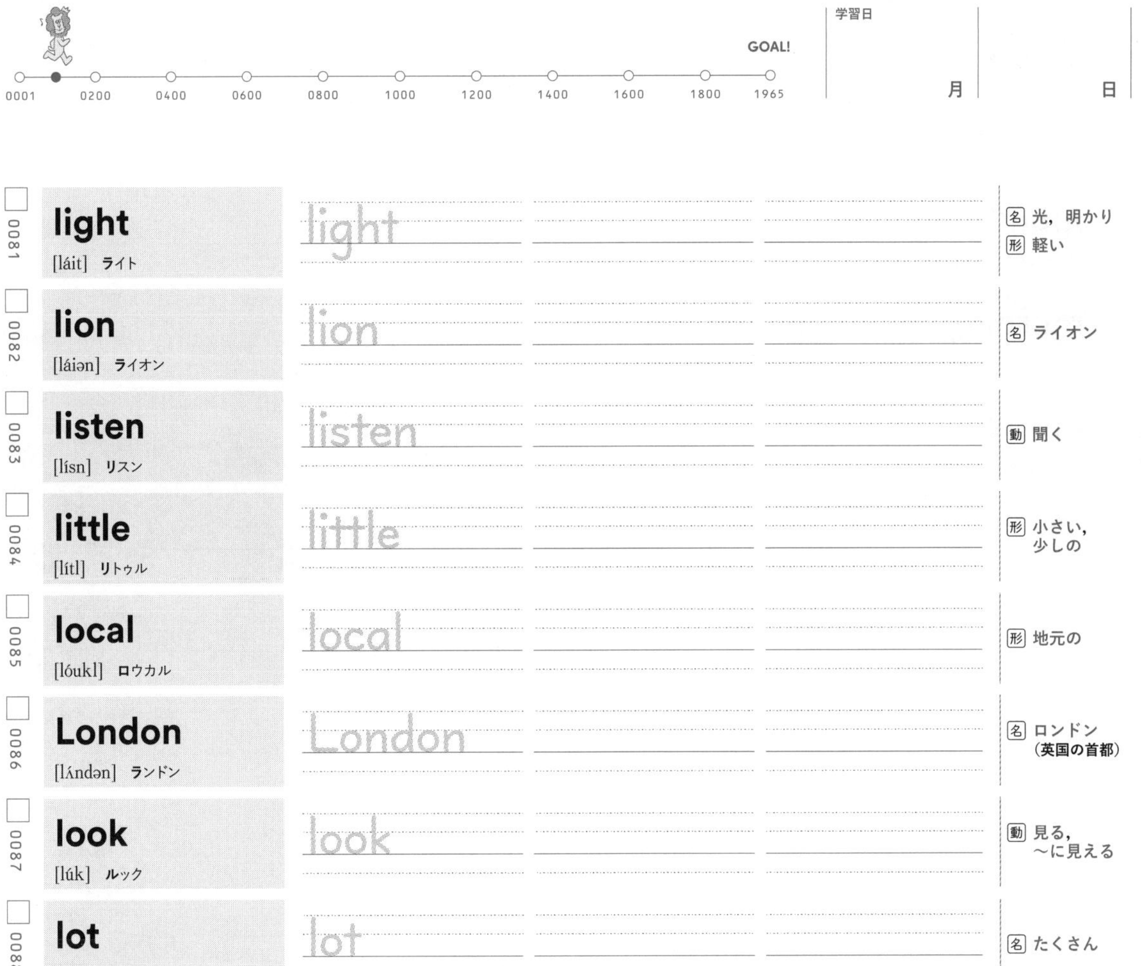

No.	単語	発音	意味
0081	**light**	[láit] ライト	名 光，明かり 形 軽い
0082	**lion**	[láiən] ライオン	名 ライオン
0083	**listen**	[lísn] リスン	動 聞く
0084	**little**	[lítl] リトゥル	形 小さい，少しの
0085	**local**	[lóukl] ロウカル	形 地元の
0086	**London**	[lʌ́ndən] ランドン	名 ロンドン（英国の首都）
0087	**look**	[lúk] ルック	動 見る，～に見える
0088	**lot**	[lát] ラット	名 たくさん
0089	**love**	[lʌ́v] ラヴ	動 ～を愛する 名 愛，恋愛
0090	**man**	[mǽn] マン	名 男性，人
0091	**March**	[má:rtʃ] マーチ	名 3月
0092	**May**	[méi] メイ	名 5月
0093	**mean**	[mí:n] ミーン	動 ～を意味する
0094	**meet**	[mí:t] ミート	動 ～に会う
0095	**mine**	[máin] マイン	代 私のもの
0096	**mom**	[mám] マム	名 お母さん，ママ

Let's listen and write!

No.	Word	Pronunciation	Meaning
0097	**month**	[mʌ́nθ] マンス	名 （暦上の）月
0098	**morning**	[mɔ́:rniŋ] モーニング	名 朝，午前
0099	**movie**	[mú:vi] ムーヴィ	名 映画
0100	**Mr.**	[místər] ミスタァ	名 ～さん，～先生（男性に対してつける敬称）
0101	**Ms.**	[míz] ミズ	名 ～さん，～先生（女性に対してつける敬称）
0102	**much**	[mʌ́tʃ] マッチ	形 たくさんの 代 たくさん（単数扱い）
0103	**museum**	[mju:zíəm] ミューズィアム ✔	名 博物館，美術館
0104	**near**	[níər] ニァ	前 ～の近くに
0105	**need**	[ní:d] ニード	動 ～を必要とする 名 必要
0106	**next**	[nékst] ネクスト	形 次の
0107	**night**	[náit] ナイト	名 夜
0108	**now**	[náu] ナウ	副 今は，現在は 名 今，現在
0109	**number**	[nʌ́mbər] ナンバァ	名 数
0110	**of**	[əv] アヴ	前 ～の
0111	**often**	[ɔ́f(t)n] オフ(トゥ)ン	副 しばしば，よく
0112	**oh**	[óu] オウ	間 まあ，あら，ああ，おや

No.	単語	発音	意味
0113	**OK**	[óukéi] オウケイ	間 オーケー，よろしい
0114	**only**	[óunli] オウンリィ	副 (わずか)～だけ 形 ただ1つの
0115	**open**	[óupn] オウプン	動 ～を開ける，開く 形 開いた
0116	**or**	[ər] オァ	接 または，それとも
0117	**other**	[ʌ́ðər] アザァ	形 ほかの
0118	**out**	[áut] アウト	副 外に
0119	**outside**	[àutsáid] アウトサイド	副 外に 前 ～の外に
0120	**over**	[óuvər] オウヴァ	前 ～の上に，～を越えて
0121	**parent**	[péərənt] ペアレント	名 親，(**複数形で**)両親
0122	**people**	[pí:pl] ピープル	名 人々
0123	**perform**	[pərfɔ́:rm] パフォーム	動 ～を演じる
0124	**performance**	[pərfɔ́:rməns] パフォーマンス	名 パフォーマンス，演技
0125	**phone**	[fóun] フォウン	名 電話
0126	**pick**	[pík] ピック	動 ～を摘みとる，～を選ぶ
0127	**picture**	[píktʃər] ピクチャ	名 写真，絵
0128	**plan**	[plǽn] プラン	動 ～を計画する 名 計画

MAX CHECK !!

0065 — 0128

CHECK 1

0065～0128の英単語を覚えているか確認しましょう。

① ～に会う

② 生活

③ 朝，午前

④ 地元の

⑤ 私のもの

⑥ ～の近くに

⑦ 次の

⑧ 今は，現在は

⑨ 博物館，美術館

⑩ 重要な

⑪ 夜

⑫ 遅くに

⑬ 数

⑭ 親，（複数形で）両親

⑮ 写真，絵

CHECK 2

0065～0128の英単語をフレーズで書いて確認しましょう。

① 宿題をする　do my ＿＿＿＿

② 王になる　become a ＿＿＿＿

③ 最終電車　the ＿＿＿＿ train

④ 明かりをつける　turn on the ＿＿＿＿

⑤ ライオンのように勇敢な　as brave as a ＿＿＿＿

⑥ 注意して聞く　＿＿＿＿ carefully

CHECK 3

日本文と同じ意味になるように ＿＿ に適する語を書きましょう。

① 私は先生になることを望んでいます。

I ＿＿＿＿＿＿ to be a teacher.

② 私によい考えがあります。

I have a good ＿＿＿＿＿＿ .

③ あなたはあの男性を知っていますか。

Do you ＿＿＿＿＿＿ that man?

④ あなたは何か国語を話しますか。

How many ＿＿＿＿＿＿ do you speak?

⑤ あとで電話してください。

Please call me back ＿＿＿＿＿＿ .

⑥ 私はすしが大好きです。

I ＿＿＿＿＿＿ sushi.

⑦ 彼らは3月に卒業しました。

They graduated in ＿＿＿＿＿＿ .

⑧ 私の上司は昨年の5月に中国へ行きました。

My boss went to China last ＿＿＿＿＿＿ .

⑨ この語は何を意味しますか。

What does this word ＿＿＿＿＿＿ ?

⑩ サッカーか野球のどちらのほうが好きですか。

Which do you like better, soccer ＿＿＿＿＿＿ baseball?

解答
CHECK 1 ① meet ② life ③ morning ④ local ⑤ mine ⑥ near ⑦ next ⑧ now ⑨ museum ⑩ important ⑪ night ⑫ late ⑬ number ⑭ parent ⑮ picture
CHECK 2 ① homework ② king ③ last ④ light ⑤ lion ⑥ listen
CHECK 3 ① hope ② idea ③ know ④ languages ⑤ later ⑥ love ⑦ March ⑧ May ⑨ mean ⑩ or

0129 —— 0160

No.	Word	Pronunciation	Trace	Meaning
0129	**player**	[pléiər] プレイァ	player	名 選手，演奏者
0130	**present**	[préznt] プレズント	present	名 贈り物 形 出席している
0131	**problem**	[prábləm] プラブレム	problem	名 問題
0132	**question**	[kwéstʃən] クウェスチョン	question	名 質問
0133	**really**	[rí:əli] リーアリィ	really	副 本当に
0134	**relax**	[rilǽks] リラックス	relax	動 リラックスする
0135	**right**	[ráit] ライト	right	名 右 形 右の，正しい 副 右に，正しく
0136	**same**	[séim] セイム	same	形（the ～）同じ
0137	**say**	[séi] セイ	say	動 ～と言う
0138	**school**	[skú:l] スクール	school	名 学校
0139	**season**	[sí:zn] スィーズン	season	名 季節
0140	**see**	[sí:] スィー	see	動 ～を見る，～に会う
0141	**set**	[sét] セット	set	動 ～を配置する 名 1組
0142	**shoe**	[ʃú:] シュー	shoe	名（片方の）靴
0143	**show**	[ʃóu] ショウ	show	動 ～を見せる
0144	**ski**	[skí:] スキー	ski	動 スキーをする

No.	単語	発音	練習	意味
0145	**smile**	[smáil] スマイル	smile	動 ほほえむ 名 ほほえみ
0146	**some**	[sə́m] サム	some	形 いくつかの
0147	**someday**	[sʌ́mdèi] サムデイ	someday	副 (未来の)いつか
0148	**something**	[sʌ́mθìŋ] サムスィング	something	代 何か
0149	**song**	[sɔ́(:)ŋ] ソ(ー)ング	song	名 歌
0150	**soon**	[sú:n] スーン	soon	副 すぐに
0151	**sound**	[sáund] サウンド	sound	名 音
0152	**stay**	[stéi] ステイ	stay	動 滞在する
0153	**still**	[stíl] スティル	still	副 まだ
0154	**student**	[stjú:dnt] ストゥーデント	student	名 学生
0155	**sure**	[ʃúər] シュア	sure	形 確かな, 確信している
0156	**surprised**	[sərpráizd] サプライズド	surprised	形 (人が)驚いて
0157	**take**	[téik] テイク	take	動 ~をとる, (時間) ~がかかる
0158	**talk**	[tɔ́:k] トーク	talk	動 話す
0159	**tell**	[tél] テル	tell	動 ~を話す, 言う
0160	**thank**	[θǽŋk] サンク	thank	動 ~に感謝する

Let's listen and write!

006

0161 —— 0192

No.	Word	Pronunciation	Meaning
0161	**then**	[ðén] ゼン	副 そのとき
0162	**there**	[ðéər] ゼァ	副 そこに，そこで
0163	**these**	[ðí:z] ズィーズ	代 これら 形 これらの
0164	**thing**	[θíŋ] スィング	名 物，事
0165	**those**	[ðóuz] ゾウズ	代 それら 形 それらの
0166	**thought**	[θɔ́:t] ソート	名 考え 動 think（考える）の過去形・過去分詞形
0167	**thousand**	[θáuznd] サウザンド	名 1,000 形 1,000の
0168	**time**	[táim] タイム	名 時間
0169	**today**	[tədéi] トゥデイ	副 今日は 名 今日
0170	**together**	[təgéðər] トゥゲザァ	副 いっしょに
0171	**tomorrow**	[təmɔ́:rou] トゥモーロウ	副 明日は 名 明日
0172	**too**	[tú:] トゥー	副（肯定文で）～もまた
0173	**touch**	[tʌ́tʃ] タッチ	動 ～に触れる 名 接触
0174	**towel**	[táuəl] タウエル	名 タオル
0175	**trip**	[tríp] トゥリップ	名 旅行
0176	**trumpet**	[trʌ́mpət] トゥランペット	名 トランペット

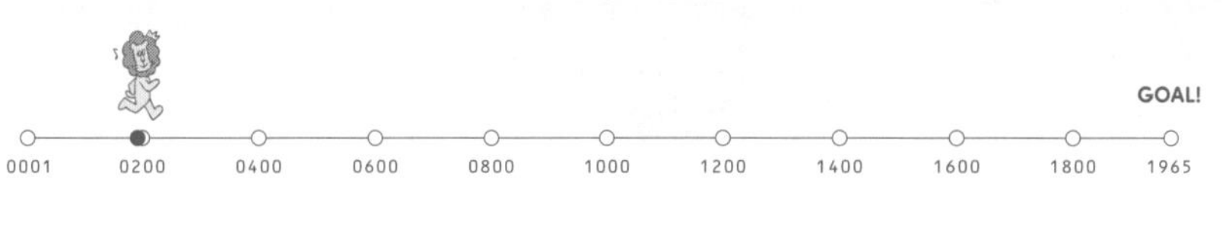

学習日　　月　　日

No.	単語	発音		練習	意味
0177	**turn**	[tə́:rn]	ター〜ン	turn	動 曲がる，変わる
0178	**unicycle**	[jú:nəsàikl]	ユーニサイクル	unicycle	名 一輪車
0179	**use**	[動 jú:z 名 jú:s]	ユーズ，ユース	use	動 〜を使う 名 利用，使うこと
0180	**useful**	[jú:sfl]	ユースフル	useful	形 役に立つ
0181	**vegetable**	[védʒətəbl]	ヴェヂタブル	vegetable	名 野菜
0182	**wait**	[wéit]	ウェイト	wait	動 待つ
0183	**week**	[wí:k]	ウィーク	week	名 週
0184	**weekend**	[wí:kènd]	ウィーケンド	weekend	名 週末
0185	**welcome**	[wélkəm]	ウェルカム	welcome	動 〜を歓迎する 間 ようこそ
0186	**which**	[(h)wítʃ]	(フ)ウィッチ	which	代 どちら 形 どちらの
0187	**whose**	[hú:z]	フーズ	whose	代 だれの
0188	**why**	[(h)wái]	(フ)ワイ	why	副 なぜ
0189	**win**	[wín]	ウィン	win	動 〜に勝つ
0190	**wish**	[wíʃ]	ウィッシ	wish	動 願う 名 願い
0191	**with**	[wíð]	ウィズ	with	前 〜といっしょに，〜を用いて
0192	**woman**	[wúmən]	ウマン	woman	名 女性

MAX CHECK !!

0129 — 0192

CHECK 1

0129 ～ 0192 の英単語を覚えているか確認しましょう。

① 本当に

② 学生

③ （人が）驚いて

④ 学校

⑤ （片方の）靴

⑥ 1,000

⑦ ほほえむ

⑧ 音

⑨ 選手，演奏者

⑩ 考え

⑪ ～に触れる

⑫ （the ～）同じ

⑬ 季節

⑭ 野菜

⑮ 待つ

CHECK 2

0129 ～ 0192 の英単語をフレーズで書いて確認しましょう。

① 歌を歌う　sing a ＿＿＿＿

② ホテルに滞在する　＿＿＿＿ at a hotel

③ うそをつく　＿＿＿＿ a lie

④ 学ぶべきたくさんのこと　a lot of ＿＿＿＿ to learn

⑤ 時間をつぶす　kill ＿＿＿＿

⑥ 役に立つ情報　＿＿＿＿ information

CHECK 3 日本文と同じ意味になるように ____ に適する語を書きましょう。

① 私は質問があります。

I have a ____________.

② 私の母は「もっと勉強しなさい」と言いました。

My mother ____________, "Study harder."

③ 私は上手にスキーをすることができません。

I can't ____________ well.

④ いつか訪ねて来てください。

Come and visit me ____________.

⑤ あなたに何かよいものをあげます。

I'll give you ____________ nice.

⑥ 彼らはすぐに戻ってきます。

They will come back ____________.

⑦ 彼はまだ眠っています。

He is ____________ sleeping.

⑧ 助けてくれてありがとう。

____________ you for your help.

⑨ そのとき私は京都にいました。

I was in Kyoto ____________.

⑩ これらの本はとてもおもしろいです。

____________ books are very interesting.

解答
CHECK 1 ① really ② student ③ surprised ④ school ⑤ shoe ⑥ thousand ⑦ smile ⑧ sound ⑨ player ⑩ thought ⑪ touch ⑫ same ⑬ season ⑭ vegetable ⑮ wait
CHECK 2 ① song ② stay ③ tell ④ things ⑤ time ⑥ useful
CHECK 3 ① question ② said ③ ski ④ someday ⑤ something ⑥ soon ⑦ still ⑧ Thank ⑨ then ⑩ These

Let's listen and write!

0193 —— 0224

No.	Word	Pronunciation	Trace	Meaning
0193	**word**	[wə́:rd] ワ～ド	word	名 単語
0194	**work**	[wə́:rk] ワ～ク	work	動 働く 名 仕事
0195	**worry**	[wə́:ri] ワ～リィ	worry	動 心配する
0196	**wow**	[wáu] ワウ	wow	間 うわあ，わあ
0197	**write**	[ráit] ライト	write	動 ～を書く
0198	**yeah**	[jéə] イェア	yeah	副 うん，そう
0199	**yesterday**	[jéstərdei] イェスタディ	yesterday	副 昨日は 名 昨日
0200	**activity**	[æktívəti] アクティヴィティ	activity	名 活動
0201	**actor**	[ǽktər] アクタァ	actor	名 俳優
0202	**break**	[bréik] ブレイク	break	動 ～を壊す，壊れる
0203	**careful**	[kéərfl] ケアフル	careful	形 注意深い
0204	**cheese**	[tʃí:z] チーズ	cheese	名 チーズ
0205	**clock**	[klák] クラック	clock	名（置き）時計
0206	**concert**	[kánsərt] カンサァト	concert	名 コンサート
0207	**cooking**	[kúkiŋ] クッキング	cooking	名 料理
0208	**date**	[déit] デイト	date	名 日付

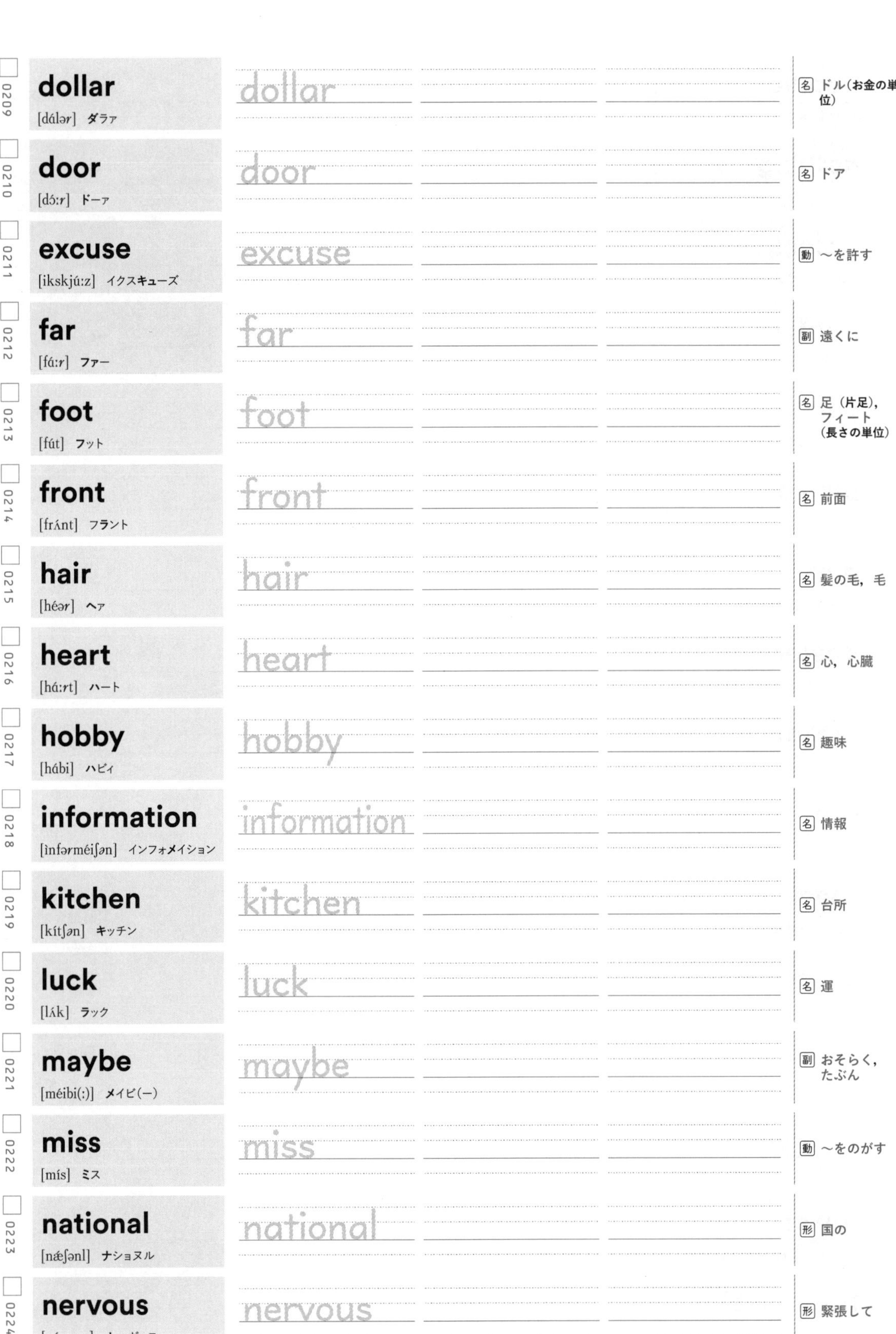

No.	単語	発音	意味
0209	**dollar**	[dálər] ダラァ	名 ドル（お金の単位）
0210	**door**	[dɔ́:r] ドーァ	名 ドア
0211	**excuse**	[ikskjú:z] イクスキューズ	動 ～を許す
0212	**far**	[fá:r] ファー	副 遠くに
0213	**foot**	[fút] フット	名 足（片足），フィート（長さの単位）
0214	**front**	[frʌ́nt] フラント	名 前面
0215	**hair**	[héər] ヘァ	名 髪の毛，毛
0216	**heart**	[há:rt] ハート	名 心，心臓
0217	**hobby**	[hábi] ハビィ	名 趣味
0218	**information**	[ìnfərméiʃən] インフォメイション	名 情報
0219	**kitchen**	[kítʃən] キッチン	名 台所
0220	**luck**	[lʌ́k] ラック	名 運
0221	**maybe**	[méibi(:)] メイビ(ー)	副 おそらく，たぶん
0222	**miss**	[mís] ミス	動 ～をのがす
0223	**national**	[nǽʃənl] ナショヌル	形 国の
0224	**nervous**	[nə́:rvəs] ナ～ヴァス	形 緊張して

Let's listen and write!

0225 —— 0256

No.	Word	Pronunciation	Practice	Meaning
0225	**noodle**	[nú:dl] ヌードゥル	noodle	名（～s）めん類
0226	**nothing**	[nʌ́θiŋ] ナスィング	nothing	代 何も～ない
0227	**o'clock**	[əklák] オクラック	o'clock	副 ～時
0228	**pardon**	[pá:rdn] パードゥン	pardon	動 ～を許す
0229	**party**	[pá:rti] パーティ	party	名 パーティー
0230	**picnic**	[píknik] ピクニック	picnic	名 ピクニック
0231	**p.m.**	[pí:ém] ピーエム	p.m.	副 午後
0232	**poster**	[póustər] ポウスタァ	poster	名 ポスター
0233	**racket**	[rǽkət] ラケット	racket	名 ラケット
0234	**sell**	[sél] セル	sell	動 ～を売る
0235	**snack**	[snǽk] スナック	snack	名 軽い食事 動 軽食をとる
0236	**speech**	[spí:tʃ] スピーチ	speech	名 スピーチ
0237	**Sydney**	[sídni] スィドニィ	Sydney	名 シドニー（オーストラリアの都市）
0238	**theater**	[θíətər] スィアタァ	theater	名 劇場
0239	**tower**	[táuər] タウァ	tower	名 塔，やぐら
0240	**traditional**	[trədíʃənl] トゥラディショヌル	traditional	形 伝統的な

学習日 月 日

No.	単語	発音	意味
0241	**trash**	[trǽʃ] トゥラッシュ	名 ごみ，くず
0242	**travel**	[trǽvəl] トゥラヴェル	動 旅行する 名 旅行
0243	**uncle**	[ʌ́ŋkl] アンクル	名 おじ
0244	**voice**	[vɔ́is] ヴォイス	名 声
0245	**window**	[wíndou] ウィンドウ	名 窓
0246	**act**	[ǽkt] アクト	動 行動する，演じる 名 活動
0247	**again**	[əgén] アゲン	副 再び
0248	**age**	[éidʒ] エイヂ	名 年齢，時代
0249	**always**	[ɔ́:(l)weiz] オー(ル)ウェイズ	副 いつも
0250	**and**	[ən(d)] アン(ド)	接 そして，～と
0251	**animal**	[ǽnəml] アニマル	名 動物
0252	**anyway**	[éniwèi] エニウェイ	副 とにかく
0253	**apple**	[ǽpl] アップル	名 リンゴ
0254	**April**	[éiprəl] エイプリル	名 4月
0255	**apron**	[éiprən] エイプロン	名 エプロン
0256	**around**	[əráund] アラウンド	前 ～の周りに

MAX CHECK !!

0193 — 0256

CHECK 1

0193～0256の英単語を覚えているか確認しましょう。

① 俳優

② 心，心臓

③ ～をのがす

④ めん類

⑤ 伝統的な

⑥ パーティー

⑦ ～を売る

⑧ スピーチ

⑨ 単語

⑩ ～を書く

⑪ 活動

⑫ ～を壊す，壊れる

⑬ コンサート

⑭ ドル（お金の単位）

⑮ 再び

CHECK 2

0193～0256の英単語をフレーズで書いて確認しましょう。

① その会社で働く　＿＿＿＿ for the company

② 一切れのチーズ　a piece of ＿＿＿＿

③ ～の前に　in ＿＿＿＿ of ～

④ たくさんの情報　a lot of ＿＿＿＿

⑤ ピクニックに出かける　go on a ＿＿＿＿

⑥ 大きな声で　in a loud ＿＿＿＿

CHECK 3 日本文と同じ意味になるように ____ に適する語を書きましょう。

① 心配しないで。

Don't ____________.

② 私たちは昨日，公園まで歩いて行きました。

We walked to the park ____________.

③ 車を運転するときは気をつけなさい。

Be ____________ in driving a car.

④ 今日は何日ですか。

What ____________ is it today?

⑤ 私の趣味は釣りです。

My ____________ is fishing.

⑥ 私の祖母は台所にいます。

My grandmother is in the ____________.

⑦ おそらく，彼は向かっています。

____________, he is coming.

⑧ 面接の前，彼はとても緊張しているように見えました。

He looked very ____________ before the interview.

⑨ 私は昨晩，午後11時に寝ました。

I went to bed at 11 ____________ last night.

⑩ そのポスターを見て。

Look at the ____________.

解答
CHECK 1 ① actor ② heart ③ miss ④ noodle ⑤ traditional ⑥ party ⑦ sell ⑧ speech ⑨ word ⑩ write ⑪ activity ⑫ break ⑬ concert ⑭ dollar ⑮ again
CHECK 2 ① work ② cheese ③ front ④ information ⑤ picnic ⑥ voice
CHECK 3 ① worry ② yesterday ③ careful ④ date ⑤ hobby ⑥ kitchen ⑦ Maybe ⑧ nervous ⑨ p.m. ⑩ poster

009
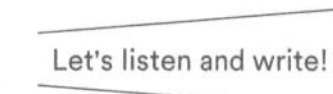

0257 —— 0288

No.	Word	Pronunciation	Meaning
0257	**art**	[á:rt] アート	名 芸術，美術
0258	**artist**	[á:rtist] アーティスト	名 芸術家
0259	**at**	[ət] アット	前 ～に，～で
0260	**August**	[ɔ́:gʌst] オーガスト	名 8月
0261	**Australia**	[ɔ(:)stréiljə] オ(ー)ストゥレイリャ	名 オーストラリア
0262	**away**	[əwéi] アウェイ	副 (位置が)離れて
0263	**bag**	[bǽg] バッグ	名 かばん
0264	**ball**	[bɔ́:l] ボール	名 ボール
0265	**basketball**	[bǽskətbɔ̀:l] バスケットボール	名 バスケットボール
0266	**be**	[bi:] ビー	動 ～である，いる，ある
0267	**bean**	[bí:n] ビーン	名 豆
0268	**beat**	[bí:t] ビート	動 どきどきする，～を打ち負かす
0269	**beautiful**	[bjú:təfl] ビューティフル	形 美しい
0270	**best**	[bést] ベスト	形 最もよい(goodの最上級) 副 最も上手に(wellの最上級)
0271	**big**	[bíg] ビッグ	形 大きい
0272	**bike**	[báik] バイク	名 自転車，オートバイ

No.	単語	発音	意味
0273	**birthday**	[bə́:rθdei] バ～スデイ	名 誕生日
0274	**black**	[blǽk] ブラック	名 黒 形 黒い
0275	**blue**	[blú:] ブルー	名 青 形 青い
0276	**book**	[búk] ブック	名 本
0277	**borrow**	[bɔ́(:)rou] ボ(ー)ロウ	動 ～を借りる
0278	**bottle**	[bɑ́tl] バトゥル	名 ボトル，びん
0279	**box**	[bɑ́ks] バックス	名 箱
0280	**boy**	[bɔ́i] ボイ	名 男の子，少年
0281	**brass band**	[brǽs bǽnd] ブラス バンド	名 ブラスバンド，吹奏楽団
0282	**breakfast**	[brékfəst] ブレックファスト	名 朝食
0283	**brother**	[brʌ́ðər] ブラザァ	名 兄，弟
0284	**brown**	[bráun] ブラウン	名 茶色 形 茶色の
0285	**bus**	[bʌ́s] バス	名 バス
0286	**busy**	[bízi] ビズィ	形 忙しい
0287	**but**	[bʌ́t ; (弱) bət] バット；バト	接 しかし
0288	**buy**	[bái] バイ	動 ～を買う

No.	Word	Pronunciation	Meaning
0289	**by**	[bái] バイ	前 ～によって，～のそばで，～までに
0290	**camera**	[kǽmərə] キャメラ	名 カメラ
0291	**candy**	[kǽndi] キャンディ	名 キャンディ，菓子
0292	**cap**	[kǽp] キャップ	名 （ふちのない）帽子
0293	**card**	[ká:rd] カード	名 カード
0294	**cheer**	[tʃíər] チア	動 ～を声援する
0295	**chorus**	[kɔ́:rəs] コーラス	名 コーラス，合唱
0296	**class**	[klǽs] クラス	名 クラス，授業
0297	**clean**	[klí:n] クリーン	動 ～を掃除する 形 清潔な
0298	**club**	[klʌ́b] クラブ	名 クラブ
0299	**cold**	[kóuld] コウルド	形 寒い，冷たい
0300	**color**	[kʌ́lər] カラァ	名 色
0301	**comic**	[kámik] カミック	名 （～s）漫画 形 漫画の
0302	**contest**	[kántest] カンテスト	名 コンテスト
0303	**cook**	[kúk] クック	動 ～を料理する
0304	**cool**	[kú:l] クール	形 涼しい，かっこいい，すてきな

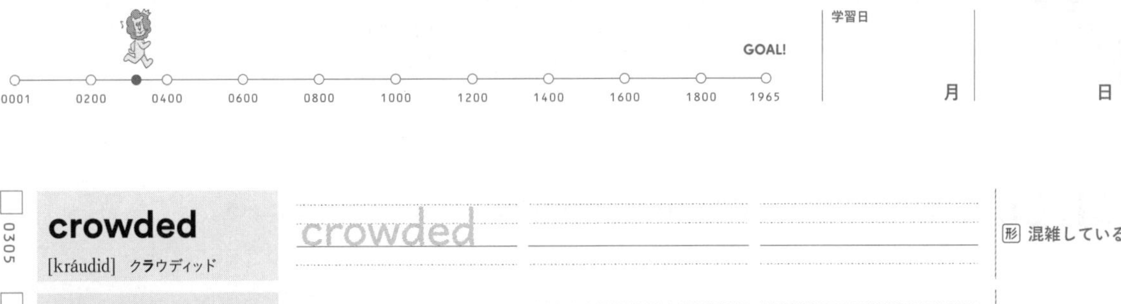

No.	単語	発音	練習	意味
0305	**crowded**	[kráudid] クラウディッド	crowded	形 混雑している
0306	**curry**	[kə́:ri] カ～リィ	curry	名 カレー
0307	**cute**	[kjú:t] キュート	cute	形 かわいい
0308	**dad**	[dǽd] ダッド	dad	名 お父さん，パパ
0309	**dance**	[dǽns] ダンス	dance	動 踊る 名 踊り，ダンス
0310	**December**	[disémbər] ディセンバァ	December	名 12月
0311	**decorate**	[dékəreit] デコレイト	decorate	動 ～を飾る
0312	**delicious**	[dilíʃəs] ディリシャス	delicious	形 おいしい
0313	**desk**	[désk] デスク	desk	名 机，受付
0314	**do**	[du] ドゥ	do	動 ～をする 助 （一般動詞とともに疑問文・否定文を作る）
0315	**doctor**	[dáktər] ダクタァ	doctor	名 医者
0316	**dog**	[dɔ́(:)g] ド(ー)グ	dog	名 犬
0317	**down**	[dáun] ダウン	down	副 下へ 前 ～の下へ
0318	**drink**	[dríŋk] ドゥリンク	drink	動 ～を飲む 名 飲みもの
0319	**eat**	[í:t] イート	eat	動 ～を食べる
0320	**egg**	[ég] エッグ	egg	名 卵

MAX CHECK !!

0257 — 0320

CHECK 1

0257～0320の英単語を覚えているか確認しましょう。

① 芸術家

② かばん

③ 豆

④ ～を買う

⑤ カメラ

⑥ 箱

⑦ ～を掃除する

⑧ 茶色

⑨ 忙しい

⑩ ～を声援する

⑪ キャンディ，菓子

⑫ 医者

⑬ ～を飲む

⑭ 黒

⑮ 本

CHECK 2

0257～0320の英単語をフレーズで書いて確認しましょう。

① 彼からその本を借りる　＿＿＿＿ the book from him

② ワイン用のボトル　a ＿＿＿＿ for wine

③ 朝食をたっぷりとる　eat a big ＿＿＿＿

④ 帽子をかぶる　put on a ＿＿＿＿

⑤ 混雑した電車　a ＿＿＿＿ train

⑥ 音楽に合わせて踊る　＿＿＿＿ to music

CHECK 3 日本文と同じ意味になるように ____ に適する語を書きましょう。

① 私はオーストラリアに行きたいです。

I want to go to ____________.

② この絵はとても美しいです。

This picture is very ____________.

③ 今日は彼の誕生日です。

Today is his ____________.

④ 彼は背が高いが，弟は背が低いです。

He is tall, ____________ his brother is short.

⑤ 私はこのクラスが好きです。

I like this ____________.

⑥ 今日はとても寒いです。

It is very ____________ today.

⑦ 今日は涼しいです。

It is ____________ today.

⑧ 何を食べたいですか。

What do you want to ____________?

⑨ 彼はバスで学校に来ます。

He comes to school by ____________.

⑩ 私の父は毎朝ゆで卵を食べます。

My father eats a boiled ____________ every morning.

解答
CHECK 1 ① artist ② bag ③ bean ④ buy ⑤ camera ⑥ box ⑦ clean ⑧ brown ⑨ busy ⑩ cheer ⑪ candy ⑫ doctor ⑬ drink ⑭ black ⑮ book
CHECK 2 ① borrow ② bottle ③ breakfast ④ cap ⑤ crowded ⑥ dance
CHECK 3 ① Australia ② beautiful ③ birthday ④ but ⑤ class ⑥ cold ⑦ cool ⑧ eat ⑨ bus ⑩ egg

011 Let's listen and write!

0321 — 0352

No.	Word	Pronunciation	Trace	Meaning
0321	**English**	[íŋgliʃ] イングリッシュ	English	名 英語 形 英語の
0322	**enjoy**	[indʒɔ́i] インヂョイ	enjoy	動 〜を楽しむ
0323	**eye**	[ái] アイ	eye	名 目
0324	**face**	[féis] フェイス	face	名 顔
0325	**fall**	[fɔ́:l] フォール	fall	動 落ちる 名 秋〈米〉
0326	**fast**	[fǽst] ファスト	fast	副 速く 形 速い
0327	**favorite**	[féivərət] フェイヴァリット	favorite	形 お気に入りの
0328	**February**	[fébjueri] フェビュエリィ	February	名 2月
0329	**feel**	[fí:l] フィール	feel	動 〜を感じる
0330	**festival**	[féstəvl] フェスティヴァル	festival	名 祭り
0331	**fever**	[fí:vər] フィーヴァ	fever	名 熱
0332	**field**	[fí:ld] フィールド	field	名 野原，畑，競技場
0333	**firework**	[fáiərwə̀:rk] ファイアワ〜ク	firework	名 (〜s) 花火
0334	**first**	[fə́:rst] ファ〜スト	first	形 1番目の，最初の 副 はじめて，第1に，最初に 名 1日，1番目，最初
0335	**five**	[fáiv] ファイヴ	five	形 5つの 名 5
0336	**flower**	[fláuər] フラウア	flower	名 花

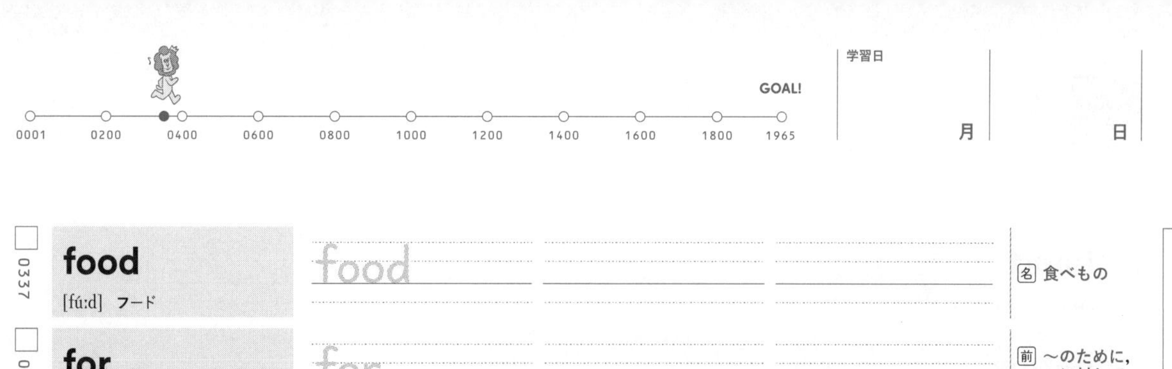

No.	単語	発音	なぞり書き	意味
0337	**food**	[fúːd] フード	food	名 食べもの
0338	**for**	[fər] フォア	for	前 ～のために，～に対して，～の間
0339	**forward**	[fɔ́ːrwərd] フォーワァド	forward	副 前の方に
0340	**Friday**	[fráidei] フライデイ	Friday	名 金曜日
0341	**friend**	[frénd] フレンド	friend	名 友だち
0342	**fruit**	[frúːt] フルート	fruit	名 果物
0343	**future**	[fjúːtʃər] フューチャァ	future	名 未来
0344	**game**	[géim] ゲイム	game	名 ゲーム，試合
0345	**girl**	[gə́ːrl] ガ～ル	girl	名 女の子，少女
0346	**go**	[góu] ゴウ	go	動 行く
0347	**good**	[gúd] グッド	good	形 よい
0348	**grandmother**	[grǽnmʌðər] グランマザァ	grandmother	名 祖母
0349	**great**	[gréit] グレイト	great	形 偉大な
0350	**green**	[gríːn] グリーン	green	名 緑 形 緑色の
0351	**gym**	[dʒím] ヂム	gym	名 体育館，ジム
0352	**hall**	[hɔ́ːl] ホール	hall	名 会館，ホール

012

Let's listen and write!

0353 —— 0384

No.	Word	Pronunciation	Trace	Meaning
0353	**hand**	[hǽnd] ハンド	hand	名 手
0354	**happy**	[hǽpi] ハピィ	happy	形 幸せな
0355	**hard**	[há:rd] ハード	hard	形 かたい，難しい 副 一生懸命に
0356	**hat**	[hǽt] ハット	hat	名 (つばがある)帽子
0357	**have**	[hǽv] ハヴ	have	動 ～を持つ，～を持っている
0358	**he**	[hi:] ヒー	he	代 彼は[が]
0359	**hello**	[helóu] ヘロウ	hello	間 こんにちは，もしもし
0360	**hero**	[hí:rou] ヒーロウ	hero	名 英雄
0361	**hey**	[héi] ヘイ	hey	間 やあ，おい，ちょっと
0362	**hi**	[hái] ハイ	hi	間 やあ，こんにちは
0363	**high**	[hái] ハイ	high	形 高い 副 高く
0364	**hospital**	[háspitl] ハスピトゥル	hospital	名 病院
0365	**hot**	[hát] ハット	hot	形 暑い，熱い
0366	**hotel**	[houtél] ホウテル	hotel	名 ホテル
0367	**house**	[háus] ハウス	house	名 家
0368	**how**	[háu] ハウ	how	副 どのように，どのくらい

No.	単語	発音	意味
0369	**hundred**	[hʌ́ndrəd] ハンドゥレッド	名 100 形 100の
0370	**hungry**	[hʌ́ŋgri] ハングリィ	形 空腹の
0371	**ice cream**	[áis krì:m] アイス クリーム	名 アイスクリーム
0372	**in**	[in] イン	前 ～の中に 副 中に
0373	**ink**	[íŋk] インク	名 インク
0374	**interesting**	[íntərəstiŋ] インタレスティング ✓	形 おもしろい
0375	**it**	[it] イット	代 それは［が，を，に］
0376	**January**	[dʒǽnjueri] ヂャニュエリィ	名 1月
0377	**Japan**	[dʒəpǽn] ヂャパン	名 日本
0378	**Japanese**	[dʒæ̀pəní:z] ヂャパニーズ	名 日本語，日本人 形 日本（語・人）の
0379	**join**	[dʒɔ́in] ヂョイン	動 ～に参加する，～に加わる
0380	**July**	[dʒulái] ヂュライ	名 7月
0381	**June**	[dʒú:n] ヂューン	名 6月
0382	**kind**	[káind] カインド	形 親切な 名 種類
0383	**lake**	[léik] レイク	名 湖
0384	**left**	[léft] レフト	名 左 形 左の 副 左に

MAX CHECK !!

0321 — 0384

CHECK 1

0321～0384 の英単語を覚えているか確認しましょう。

① ～を楽しむ

② 顔

③ 体育館，ジム

④ 手

⑤ 祖母

⑥ 100

⑦ 親切な

⑧ 湖

⑨ ～を感じる

⑩ 野原，畑，競技場

⑪ 5つの

⑫ 食べもの

⑬ 前の方に

⑭ 果物

⑮ 女の子，少女

CHECK 2

0321～0384 の英単語をフレーズで書いて確認しましょう。

① 眠りに落ちる　＿＿＿＿ asleep

② 彼のお気に入りの歌　his ＿＿＿＿ song

③ 花火大会　a ＿＿＿＿ display

④ 将来は　in the ＿＿＿＿

⑤ 幸せな生活　a ＿＿＿＿ life

⑥ 病院で　in the ＿＿＿＿

CHECK 3

日本文と同じ意味になるように ＿＿ に適する語を書きましょう。

① その角で左に曲がりなさい。

Turn ＿＿＿＿＿＿＿＿ at the corner.

② 彼は2月に日本へ来ます。

He will come to Japan in ＿＿＿＿＿＿＿＿.

③ 私は少し熱があります。

I have a slight ＿＿＿＿＿＿＿＿.

④ 彼らは6月に結婚しました。

They got married in ＿＿＿＿＿＿＿＿.

⑤ 私たちは金曜日は数学の授業があります。

We have a math class on ＿＿＿＿＿＿＿＿.

⑥ 彼はとても一生懸命に英語を勉強しました。

He studied English very ＿＿＿＿＿＿＿＿.

⑦ 1月は寒いです。

It's cold in ＿＿＿＿＿＿＿＿.

⑧ 私たちは日本に住んでいます。

We live in ＿＿＿＿＿＿＿＿.

⑨ 私はいつかこのホテルに滞在したいです。

I want to stay at this ＿＿＿＿＿＿＿＿ someday.

⑩ あなたは何歳ですか。

＿＿＿＿＿＿＿＿ old are you?

解答
CHECK 1 ① enjoy ② face ③ gym ④ hand ⑤ grandmother ⑥ hundred ⑦ kind ⑧ lake ⑨ feel ⑩ field ⑪ five ⑫ food ⑬ forward ⑭ fruit ⑮ girl
CHECK 2 ① fall ② favorite ③ fireworks ④ future ⑤ happy ⑥ hospital
CHECK 3 ① left ② February ③ fever ④ June ⑤ Friday(s) ⑥ hard ⑦ January ⑧ Japan ⑨ hotel ⑩ How

No.	Word	Pronunciation	Trace	Meaning
0385	**library**	[láibreri] ライブレリィ	library	名 図書館
0386	**like**	[láik] ライク	like	動 ～を好む 前 ～のような
0387	**live**	[lív] リヴ	live	動 住む
0388	**long**	[lɔ́:ŋ] ローンヶ	long	形 長い
0389	**lunch**	[lʌ́n(t)ʃ] ランチ	lunch	名 昼食
0390	**main**	[méin] メイン	main	形 主な
0391	**make**	[méik] メイク	make	動 ～を作る
0392	**many**	[méni] メニィ	many	形 たくさんの 代 たくさん
0393	**map**	[mǽp] マップ	map	名 地図
0394	**market**	[má:rkit] マーキット	market	名 市場，マーケット
0395	**me**	[mí:] ミー	me	代 私を，私に
0396	**memory**	[méməri] メモリィ	memory	名 記憶
0397	**Monday**	[mʌ́ndei] マンデイ	Monday	名 月曜日
0398	**mother**	[mʌ́ðər] マザァ	mother	名 母，母親
0399	**mountain**	[máuntn] マウントゥン	mountain	名 山
0400	**mouse**	[máus] マウス	mouse	名 ネズミ

No.	単語	発音	練習	意味
0401	**music**	[mjú:zik] ミューズィック	music	名 音楽
0402	**name**	[néim] ネイム	name	名 名前
0403	**nature**	[néitʃər] ネイチャァ	nature	名 自然
0404	**new**	[nju:] ヌー	new	形 新しい
0405	**nice**	[náis] ナイス	nice	形 すてきな，よい
0406	**no**	[nóu] ノウ	no	副 いいえ 形 全く～ない
0407	**not**	[nát] ナット	not	副 ～でない（否定文を作る）
0408	**November**	[nouvémbər] ノウヴェンバァ	November	名 11月
0409	**nurse**	[nə́:rs] ナ～ス	nurse	名 看護師
0410	**October**	[ɑ(:)któubər] ア(ー)クトウバァ	October	名 10月
0411	**off**	[ɔ́(:)f] オ(ー)フ	off	副 離れて
0412	**office**	[ɑ́fəs] アフィス	office	名 事務所，会社
0413	**old**	[óuld] オウルド	old	形 古い，年をとった，昔の
0414	**omelet**	[ɑ́mələt] アムレット	omelet	名 オムレツ
0415	**on**	[ɑ́n] アン	on	前 ～の上に（接触を表す）
0416	**one**	[wʌ́n] ワン	one	名 1つ，1人 形 1つの，1人の，ある～

0417 —— 0448

No.	Word	Pronunciation	Trace	Meaning
0417	**orange**	[ɔ́(:)rin(d)ʒ] オ(ー)リンヂ	orange	名 オレンジ
0418	**park**	[pá:rk] パーク	park	名 公園
0419	**photo**	[fóutou] フォウトウ	photo	名 写真
0420	**piano**	[piǽnou] ピアノウ	piano	名 ピアノ
0421	**pink**	[píŋk] ピンク	pink	名 ピンク 形 ピンク色の
0422	**place**	[pléis] プレイス	place	名 場所
0423	**play**	[pléi] プレイ	play	動 遊ぶ,(スポーツ)をする,(楽器)を演奏する
0424	**please**	[plí:z] プリーズ	please	副 どうぞ 動 ～を喜ばせる
0425	**popular**	[pápjələr] パピュラァ	popular	形 人気のある
0426	**post office**	[póust ɑ̀fəs] ポウスト アフィス	post office	名 郵便局
0427	**practice**	[prǽktis] プラクティス	practice	動 ～を練習する 名 練習
0428	**put**	[pút] プット	put	動 ～を置く
0429	**queen**	[kwí:n] クウィーン	queen	名 女王,王妃
0430	**quiet**	[kwáiət] クワイエット	quiet	形 静かな
0431	**rabbit**	[rǽbət] ラビット	rabbit	名 ウサギ
0432	**read**	[rí:d] リード	read	動 ～を読む

0433 **red** [réd] レッド — 名 赤 / 形 赤い

0434 **restaurant** [réstərənt] レストラント — 名 レストラン

0435 **rice** [ráis] ライス — 名 米

0436 **river** [rívər] リヴァ — 名 川

0437 **room** [rú:m] ルーム — 名 部屋

0438 **rugby** [rʌ́gbi] ラグビィ — 名 ラグビー

0439 **run** [rʌ́n] ラン — 動 走る

0440 **sad** [sǽd] サッド — 形 悲しい

0441 **salad** [sǽləd] サラッド — 名 サラダ

0442 **Saturday** [sǽtərdei] サタデイ — 名 土曜日

0443 **second** [sékənd] セカンド — 形 2番目の / 副 第2に，2番目に / 名 2日，2番目

0444 **September** [septémbər] セプテンバァ — 名 9月

0445 **shaved ice** [ʃeivd áis] シェイヴド アイス — 名 かき氷

0446 **she** [ʃi ; (強)ʃí:] シー — 代 彼女は[が]

0447 **short** [ʃɔ́:rt] ショート — 形 短い

0448 **shower** [ʃáuər] シャウア — 名 シャワー

MAX CHECK !!

0385 — 0448

CHECK 1

0385～0448 の英単語を覚えているか確認しましょう。

① 記憶

② 事務所，会社

③ 山

④ 音楽

⑤ 看護師

⑥ ～を練習する

⑦ 米

⑧ サラダ

⑨ 住む

⑩ ～を作る

⑪ ～を読む

⑫ 短い

⑬ 古い，年をとった

⑭ 部屋

⑮ 走る

CHECK 2

0385～0448 の英単語をフレーズで書いて確認しましょう。

① 長い間　for a ＿＿＿＿ time

② 昼食をぬく［食べない］　skip ＿＿＿＿

③ 地図を描く　draw a ＿＿＿＿

④ ピアノを演奏する　play the ＿＿＿＿

⑤ 日本食レストラン　a Japanese ＿＿＿＿

⑥ 悲しいニュース　＿＿＿＿ news

CHECK 3

日本文と同じ意味になるように ＿＿ に適する語を書きましょう。

① 私はときどき図書館で勉強します。

I sometimes study in the ＿＿＿＿＿＿＿＿ .

② 私はその映画がとても好きです。

I ＿＿＿＿＿＿＿＿ the movie very much.

③ あなたにはたくさんの友だちがいますか。

Do you have ＿＿＿＿＿＿＿＿ friends?

④ 彼は人気のある歌手です。

He is a ＿＿＿＿＿＿＿＿ singer.

⑤ 私たちは月曜日にサッカーをします。

We play soccer on ＿＿＿＿＿＿＿＿ .

⑥ 私たちは土曜日は学校へ行きません。

We don't go to school on ＿＿＿＿＿＿＿＿ .

⑦ 自然はすばらしいです。

＿＿＿＿＿＿＿＿ is wonderful.

⑧ 水が全くありません。

There is ＿＿＿＿＿＿＿＿ water.

⑨ これは私のかさではありません。

This is ＿＿＿＿＿＿＿＿ my umbrella.

⑩ 彼女は，次の11月に札幌に行く予定です。

She is going to Sapporo next ＿＿＿＿＿＿＿＿ .

解答

CHECK 1 ① memory ② office ③ mountain ④ music ⑤ nurse ⑥ practice ⑦ rice ⑧ salad ⑨ live ⑩ make ⑪ read ⑫ short ⑬ old ⑭ room ⑮ run

CHECK 2 ① long ② lunch ③ map ④ piano ⑤ restaurant ⑥ sad

CHECK 3 ① library ② like ③ many ④ popular ⑤ Monday(s) ⑥ Saturday(s) ⑦ Nature ⑧ no ⑨ not ⑩ November

Let's listen and write!

0449 —— 0480

No.	Word	Trace	Meaning
0449	**shrine** [ʃráin] シュライン	shrine	名 神社
0450	**shy** [ʃái] シャイ	shy	形 恥ずかしがりの
0451	**sing** [síŋ] スィング	sing	動 (〜を) 歌う
0452	**singer** [síŋər] スィンガァ	singer	名 歌手
0453	**sister** [sístər] スィスタァ	sister	名 姉，妹
0454	**small** [smɔ́:l] スモール	small	形 小さい
0455	**snow** [snóu] スノウ	snow	名 雪 動 雪が降る
0456	**so** [sóu] ソウ	so	副 そのように，それほど，とても 接 だから〜
0457	**soccer** [sákər] サカァ	soccer	名 サッカー
0458	**sometimes** [sʌ́mtaimz] サムタイムズ	sometimes	副 ときどき
0459	**speak** [spí:k] スピーク	speak	動 〜を話す
0460	**special** [spéʃl] スペシャル	special	形 特別な
0461	**sport** [spɔ́:rt] スポート	sport	名 スポーツ
0462	**spring** [spríŋ] スプリング	spring	名 春
0463	**stadium** [stéidiəm] ステイディアム	stadium	名 スタジアム
0464	**stand** [stǽnd] スタンド	stand	動 立つ

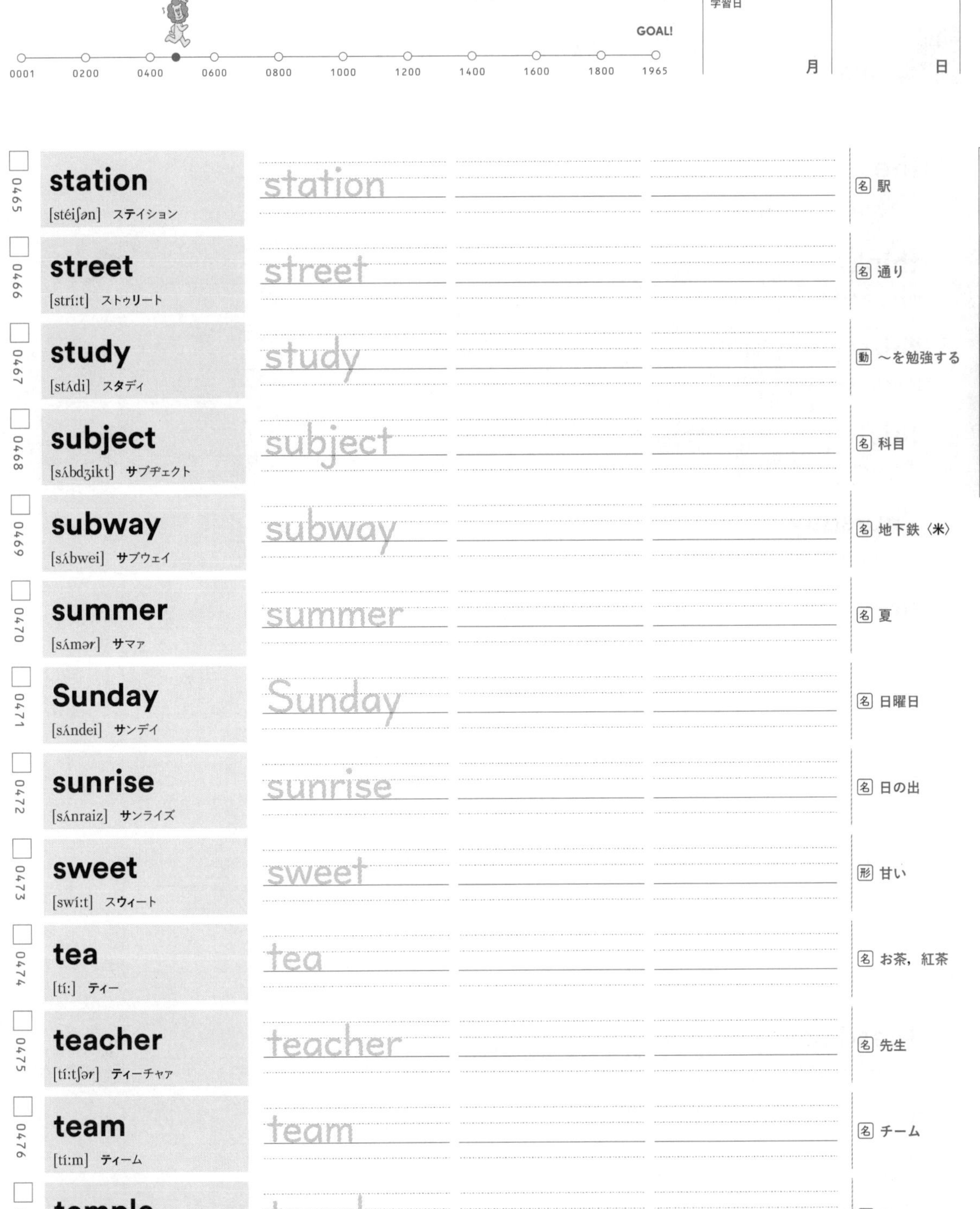

No.	単語	発音	意味
0465	**station**	[stéiʃən] ステイション	名 駅
0466	**street**	[stríːt] ストゥリート	名 通り
0467	**study**	[stʌ́di] スタディ	動 ～を勉強する
0468	**subject**	[sʌ́bdʒikt] サブヂェクト	名 科目
0469	**subway**	[sʌ́bwei] サブウェイ	名 地下鉄〈米〉
0470	**summer**	[sʌ́mər] サマァ	名 夏
0471	**Sunday**	[sʌ́ndei] サンデイ	名 日曜日
0472	**sunrise**	[sʌ́nraiz] サンライズ	名 日の出
0473	**sweet**	[swíːt] スウィート	形 甘い
0474	**tea**	[tíː] ティー	名 お茶，紅茶
0475	**teacher**	[tíːtʃər] ティーチャァ	名 先生
0476	**team**	[tíːm] ティーム	名 チーム
0477	**temple**	[témpl] テンプル	名 寺
0478	**ten**	[tén] テン	形 10の 名 10
0479	**tenth**	[ténθ] テンス	形 10番目の 名 10日，10番目
0480	**that**	[ðǽt] ザット	代 あれ 形 あの

0481	**the**	[ðə ; ði] ザ(子音の前)；ズィ(母音の前)	冠 その
0482	**think**	[θíŋk] スィンク	動 ～と思う，考える
0483	**thirsty**	[θə́:rsti] サ～スティ	形 のどのかわいた
0484	**this**	[ðís] ズィス	代 これ 形 この
0485	**Thursday**	[θə́:rzdei] サ～ズディ	名 木曜日
0486	**tired**	[táiərd] タイァド	形 疲れた
0487	**to**	[tú:] トゥー	前 ～へ，～に，～まで
0488	**town**	[táun] タウン	名 町
0489	**tree**	[trí:] トゥリー	名 木
0490	**try**	[trái] トゥライ	動 ～を試す
0491	**Tuesday**	[tjú:zdei] テューズディ	名 火曜日
0492	**TV**	[ti:ví:] ティーヴィー	名 テレビ
0493	**umbrella**	[ʌmbrélə] アンブレラ	名 かさ
0494	**under**	[ʌ́ndər] アンダァ	前 ～の下に
0495	**up**	[ʌ́p] アップ	副 上へ 前 ～の上の方へ
0496	**U.S.**	[jú:és] ユーエス	名 (the ～) アメリカ合衆国 (= the United States)

No.	単語	発音	なぞり書き	意味
0497	**usually**	[júːʒuəli] ユージュ(ア)リィ	usually	副 ふつうは
0498	**vacation**	[veikéiʃən] ヴェイケイション	vacation	名 休暇
0499	**very**	[véri] ヴェリィ	very	副 とても
0500	**video**	[vídiou] ヴィディオウ	video	名 ビデオ 形 ビデオの
0501	**village**	[vílidʒ] ヴィリッヂ	village	名 村
0502	**visit**	[vízət] ヴィズィット	visit	動 ～を訪問する
0503	**volunteer**	[vàləntíər] ヴァランティア ✓	volunteer	名 志願者，ボランティア 動 ボランティアで働く
0504	**walk**	[wɔ́ːk] ウォーク	walk	動 歩く
0505	**want**	[wánt] ワント	want	動 望む，～がほしい
0506	**watch**	[wátʃ] ワッチ	watch	動 ～を見る 名 腕時計
0507	**water**	[wɔ́ːtər] ウォータァ	water	名 水
0508	**we**	[wíː] ウィー	we	代 私たちは[が]，我々は[が]
0509	**weather**	[wéðər] ウェザァ	weather	名 天気
0510	**Wednesday**	[wénzdei] ウェンズデイ	Wednesday	名 水曜日
0511	**well**	[wél] ウェル	well	副 上手に
0512	**what**	[(h)wʌ́t] (フ)ワット	what	代 何 形 何の

MAX CHECK !!

0449 — 0512

CHECK 1

0449～0512の英単語を覚えているか確認しましょう。

① 先生

② 寺

③ 神社

④ （～を）歌う

⑤ のどのかわいた

⑥ スタジアム

⑦ 木

⑧ 日の出

⑨ かさ

⑩ ～を試す

⑪ 特別な

⑫ 望む，～がほしい

⑬ 立つ

⑭ 天気

⑮ 甘い

CHECK 2

0449～0512の英単語をフレーズで書いて確認しましょう。

① 大雪　heavy ＿＿＿＿

② お気に入りの科目　a favorite ＿＿＿＿

③ テーブルの下に　＿＿＿＿ the table

④ 小さな村　a small ＿＿＿＿

⑤ 1杯の水　a glass of ＿＿＿＿

⑥ 上手に英語を話す　speak English ＿＿＿＿

CHECK 3 | 日本文と同じ意味になるように ＿＿ に適する語を書きましょう。

① ジムはとても恥ずかしがりです。

Jim is very ＿＿＿＿＿＿.

② 木曜日は5時間授業です。

We have five classes on ＿＿＿＿＿＿.

③ ケンはときどき学校に遅れます。

Ken is ＿＿＿＿＿＿ late for school.

④ 彼は疲れているようです。

He looks ＿＿＿＿＿＿.

⑤ この電車は各駅に止まります。

This train stops at every ＿＿＿＿＿＿.

⑥ この通りを進んでください。

Go down the ＿＿＿＿＿＿.

⑦ 彼は日本史を勉強しました。

He ＿＿＿＿＿＿ Japanese history.

⑧ 次の日曜日，テニスをしましょう。

Let's play tennis next ＿＿＿＿＿＿.

⑨ 私はふつう7時に起きます。

I ＿＿＿＿＿＿ get up at seven.

⑩ 私たちは駅まで歩きました。

We ＿＿＿＿＿＿ to the station.

解答
CHECK 1 ① teacher ② temple ③ shrine ④ sing ⑤ thirsty ⑥ stadium ⑦ tree ⑧ sunrise ⑨ umbrella ⑩ try ⑪ special ⑫ want ⑬ stand ⑭ weather ⑮ sweet
CHECK 2 ① snow ② subject ③ under ④ village ⑤ water ⑥ well
CHECK 3 ① shy ② Thursday(s) ③ sometimes ④ tired ⑤ station ⑥ street ⑦ studied ⑧ Sunday ⑨ usually ⑩ walked

No.	Word	Pronunciation	Trace	Meaning
0513	**when**	[(h)wén] (フ)ウェン	when	副 いつ 接 ～するとき
0514	**where**	[(h)wéər] (フ)ウェア	where	副 どこに
0515	**white**	[(h)wáit] (フ)ワイト	white	名 白 形 白い
0516	**who**	[húː] フー	who	代 だれ(が), だれ(を)
0517	**winter**	[wíntər] ウィンタァ	winter	名 冬
0518	**wonderful**	[wʌ́ndərfl] ワンダフル	wonderful	形 すばらしい
0519	**would**	[wə́d] ウド	would	助 ～するだろう (**will の過去形**), ～したものだ (**過去の習慣**)
0520	**wrong**	[rɔ́(ː)ŋ] ロ(ー)ング	wrong	形 間違っている, 悪い
0521	**year**	[jíər] イァ	year	名 年
0522	**yellow**	[jélou] イェロウ	yellow	名 黄色 形 黄色の
0523	**yes**	[jés] イェス	yes	副 はい, そうです
0524	**you**	[júː] ユー	you	代 あなた(たち) は[が], あなた(たち) を[に]
0525	**zero**	[zíərou] ズィ(ア)ロウ	zero	形 0の 名 0
0526	**zoo**	[zúː] ズー	zoo	名 動物園
0527	**album**	[ǽlbəm] アルバム	album	名 アルバム
0528	**badminton**	[bǽdmintən] バドミントゥン	badminton	名 バドミントン

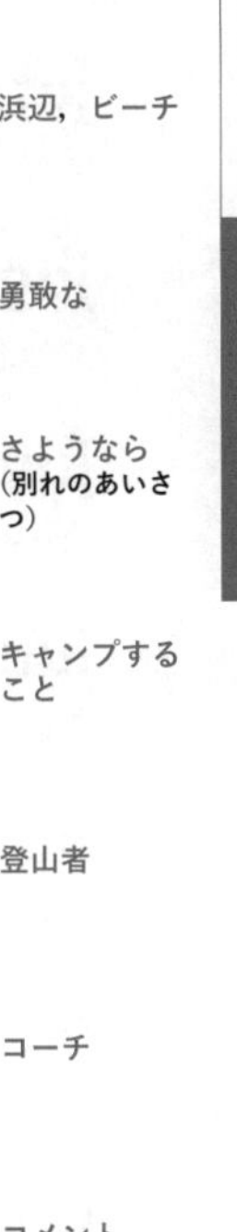

No.	単語	発音	意味
0529	**band**	[bǽnd] バンド	名 楽団，帯
0530	**beach**	[bíːtʃ] ビーチ	名 浜辺，ビーチ
0531	**brave**	[bréiv] ブレイヴ	形 勇敢な
0532	**bye**	[bái] バイ	間 さようなら（別れのあいさつ）
0533	**camping**	[kǽmpiŋ] キャンピング	名 キャンプすること
0534	**climber**	[kláimər] クライマァ	名 登山者
0535	**coach**	[kóutʃ] コウチ	名 コーチ
0536	**comment**	[kɑ́ment] カメント	名 コメント
0537	**corn**	[kɔ́ːrn] コーン	名 トウモロコシ
0538	**cricket**	[kríkət] クリケット	名 クリケット
0539	**dessert**	[dizə́ːrt] ディザ～ト	名 デザート
0540	**detail**	[díːteil, ditéil] ディーテイル，ディテイル	名 詳細
0541	**grandfather**	[grǽndfɑ̀ːðər] グランドファーザァ	名 祖父
0542	**green tea**	[gríːn tíː] グリーン ティー	名 緑茶
0543	**guess**	[gés] ゲス	動 ～を推測する
0544	**ice**	[áis] アイス	名 氷

Let's listen and write!

0545 —— 0576

No.	Word	Pronunciation	Trace	Meaning
0545	**jail**	[dʒéil] ヂェイル	jail	名 刑務所
0546	**jet**	[dʒét] ヂェット	jet	名 ジェット（旅客）機
0547	**jog**	[dʒɑ́g] ヂャッグ	jog	動 ゆっくり走る，ジョギングする
0548	**juice**	[dʒúːs] ヂュース	juice	名 ジュース
0549	**junior**	[dʒúːnjər] ヂューニャァ	junior	形 年下の
0550	**mix**	[míks] ミックス	mix	動 ～を混ぜる，～を混合する
0551	**New Year**	[n(j)úː jíər] ニュー イァ	New Year	名 新年
0552	**nod**	[nɑ́d] ナッド	nod	動 うなずく
0553	**outdoor**	[áutdɔːr] アウトドーァ	outdoor	形 屋外の，野外の
0554	**performer**	[pərfɔ́ːrmər] パフォーマァ	performer	名 演じる人
0555	**Philippines**	[fíləpiːnz] フィリピーンズ	Philippines	名（the ～）フィリピン（東南アジアの共和国）
0556	**police**	[pəlíːs] ポリース ✓	police	名 警察
0557	**post**	[póust] ポウスト	post	名 郵便〈英〉
0558	**purple**	[pə́ːrpl] パ～プル	purple	名 紫 形 紫色の
0559	**role**	[róul] ロウル	role	名 役，役割
0560	**sausage**	[sɔ́(ː)sidʒ] ソ(ー)スィッヂ	sausage	名 ソーセージ

No.	単語	発音	練習	意味
0561	**sheep**	[ʃíːp] シープ	sheep	名 ヒツジ
0562	**ship**	[ʃíp] シップ	ship	名 船
0563	**soup**	[súːp] スープ	soup	名 スープ
0564	**sour**	[sáuər] サウァ	sour	形 酸っぱい
0565	**spot**	[spát] スパット	spot	名 場所，点
0566	**steak**	[stéik] ステイク	steak	名 ステーキ
0567	**steal**	[stíːl] スティール	steal	動 ～を盗む 名 盗み
0568	**surprise**	[sərpráiz] サプライズ	surprise	動 ～を驚かせる 名 驚き
0569	**symbol**	[símbl] スィンボル	symbol	名 象徴，文字
0570	**toast**	[tóust] トウスト	toast	名 トースト
0571	**U.K.**	[júːkéi] ユーケイ	U.K.	名 (the ～) イギリス［英国］(＝the United Kingdom)
0572	**weekday**	[wíːkdèi] ウィークデイ	weekday	名 平日
0573	**whale**	[(h)wéil] (フ)ウェイル	whale	名 クジラ
0574	**yogurt**	[jóugərt] ヨウガァト	yogurt	名 ヨーグルト
0575	**active**	[ǽktiv] アクティヴ	active	形 活発な
0576	**belt**	[bélt] ベルト	belt	名 ベルト

MAX CHECK !!

0513 — 0576

CHECK 1

0513～0576 の英単語を覚えているか確認しましょう。

① 詳細

② 間違っている，悪い

③ 年

④ 活発な

⑤ うなずく

⑥ アルバム

⑦ 楽団，帯

⑧ コメント

⑨ 祖父

⑩ 動物園

⑪ ヒツジ

⑫ ～を盗む

⑬ スープ

⑭ クジラ

⑮ トウモロコシ

CHECK 2

0513～0576 の英単語をフレーズで書いて確認しましょう。

① 冬に　in ________

② すばらしい夕食　a ________ dinner

③ 勇敢な男　a ________ man

④ 刑務所に入っていて　in ________

⑤ 警察署　a ________ station

⑥ 愛の象徴　a ________ of love

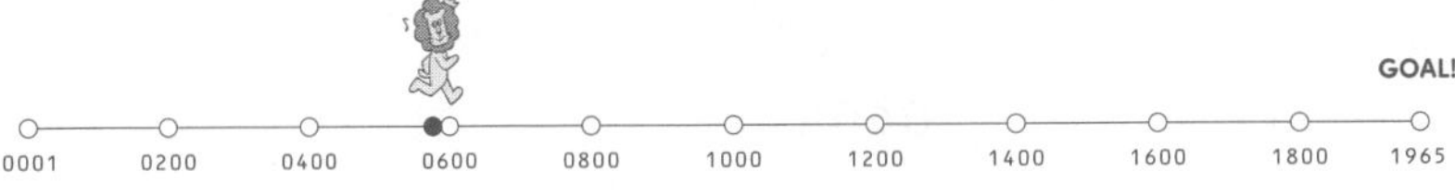

CHECK 3 日本文と同じ意味になるように ____ に適する語を書きましょう。

① あなたの誕生日はいつですか。

______ is your birthday?

② あなたはどこの出身ですか。

______ are you from?

③ あの少女はだれですか。

______ is that girl?

④ 疲れていますか。— はい，疲れています。

Are you tired? — ______, I am.

⑤ あなたは疲れているように見えます。

______ look tired.

⑥ デザートは何にいたしますか。

What would you like for ______?

⑦ あのね，聞いてくれる？(何か推測して。)

______ what?

⑧ 私は毎朝ジョギングをします。

I ______ every morning.

⑨ 彼は登山家になりました。

He became a ______.

⑩ 彼女はこのプロジェクトで重要な役割を果たしました。

She played an important ______ in this project.

解答
CHECK 1 ① detail ② wrong ③ year ④ active ⑤ nod ⑥ album ⑦ band ⑧ comment ⑨ grandfather ⑩ zoo ⑪ sheep ⑫ steal ⑬ soup ⑭ whale ⑮ corn
CHECK 2 ① winter ② wonderful ③ brave ④ jail ⑤ police ⑥ symbol
CHECK 3 ① When ② Where ③ Who ④ Yes ⑤ You ⑥ dessert ⑦ Guess ⑧ jog ⑨ climber ⑩ role

No.	単語	発音	意味
0577	**bicycle**	[báisikl] バイスィクル	名 自転車
0578	**bitter**	[bítər] ビタァ	形 苦い
0579	**boring**	[bɔ́:riŋ] ボーリング	形 (物事が)退屈な，つまらない
0580	**cheerful**	[tʃíərfl] チアフル	形 陽気な，元気な
0581	**chocolate**	[tʃɔ́(:)kələt] チョ(ー)コレット	名 チョコレート
0582	**clear**	[klíər] クリァ	形 明らかな，はっきりした
0583	**dancer**	[dǽnsər] ダンサァ	名 ダンサー
0584	**draw**	[drɔ́:] ドゥロー	動 (線で)～を描く
0585	**drum**	[drʌ́m] ドゥラム	名 ドラム
0586	**everybody**	[évribàdi] エヴリバディ	代 すべての人(= **everyone**)
0587	**floor**	[flɔ́:r] フロー	名 床，階
0588	**flute**	[flú:t] フルート	名 フルート
0589	**fox**	[fáks] ファックス	名 キツネ
0590	**fresh**	[fréʃ] フレッシュ	形 新鮮な
0591	**funny**	[fʌ́ni] ファニィ	形 おもしろい
0592	**goal**	[góul] ゴウル	名 目標，ゴール

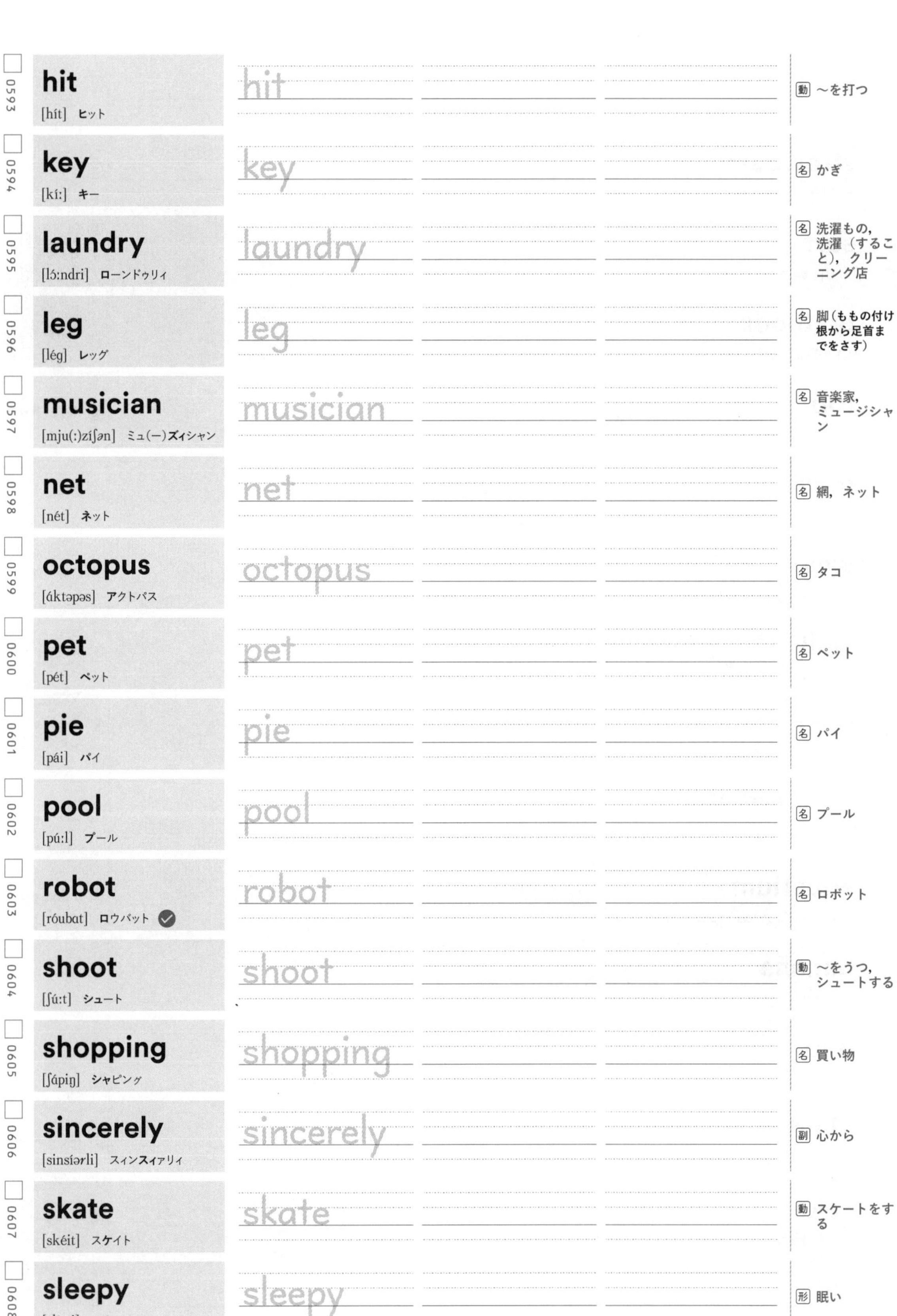

No.	単語	発音	意味
0593	**hit**	[hít] ヒット	動 ～を打つ
0594	**key**	[kí:] キー	名 かぎ
0595	**laundry**	[lɔ́:ndri] ローンドゥリィ	名 洗濯もの，洗濯（すること），クリーニング店
0596	**leg**	[lég] レッグ	名 脚（ももの付け根から足首までをさす）
0597	**musician**	[mju(:)zíʃən] ミュ(ー)ズィシャン	名 音楽家，ミュージシャン
0598	**net**	[nét] ネット	名 網，ネット
0599	**octopus**	[ɑ́ktəpəs] アクトパス	名 タコ
0600	**pet**	[pét] ペット	名 ペット
0601	**pie**	[pái] パイ	名 パイ
0602	**pool**	[pú:l] プール	名 プール
0603	**robot**	[róubɑt] ロウバット	名 ロボット
0604	**shoot**	[ʃú:t] シュート	動 ～をうつ，シュートする
0605	**shopping**	[ʃɑ́piŋ] シャピング	名 買い物
0606	**sincerely**	[sinsíərli] スィンスィアリィ	副 心から
0607	**skate**	[skéit] スケイト	動 スケートをする
0608	**sleepy**	[slí:pi] スリーピィ	形 眠い

Let's listen and write!

0609 —— 0640

No.	Word	Pronunciation	Tracing	Meaning
0609	**step**	[stép] ステップ	step	名 ステップ，1歩
0610	**strawberry**	[strɔ́:beri] ストゥローベリィ	strawberry	名 イチゴ
0611	**surf**	[sə́:rf] サ～フ	surf	動 (インターネットのサイト)を見て回る，サーフィンする
0612	**textbook**	[téks(t)bùk] テクス(ト)ブック	textbook	名 教科書
0613	**top**	[táp] タップ	top	名 頂上，トップ
0614	**turtle**	[tə́:rtl] タ～トゥル	turtle	名 カメ
0615	**view**	[vjú:] ヴュー	view	名 眺め，見方
0616	**wall**	[wɔ́:l] ウォール	wall	名 かべ
0617	**wipe**	[wáip] ワイプ	wipe	動 ～を（布・手などで）ふく
0618	**amusement park**	[əmjú:zmənt pà:rk] アミューズメント パーク	amusement park	名 遊園地
0619	**aquarium**	[əkwéəriəm] アクウェァリアム	aquarium	名 水族館
0620	**banana**	[bənǽnə] バナナ	banana	名 バナナ
0621	**bed**	[béd] ベッド	bed	名 ベッド
0622	**blind**	[bláind] ブラインド	blind	形 目の見えない
0623	**cake**	[kéik] ケイク	cake	名 ケーキ
0624	**cat**	[kǽt] キャット	cat	名 ネコ

No.	単語	発音	意味
0625	**chair**	[tʃéər] チェア	名 いす
0626	**cherry**	[tʃéri] チェリィ	名 サクランボ，桜の木
0627	**classroom**	[klǽsrù:m] クラスルーム	名 教室
0628	**cloudy**	[kláudi] クラウディ	形 くもって
0629	**coffee**	[kɔ́(:)fi] コ(ー)フィ	名 コーヒー
0630	**convenience store**	[kənví:niəns stɔ̀:r] コンヴィーニエンス ストーァ	名 コンビニエンスストア
0631	**cow**	[káu] カウ	名（雌の）牛
0632	**crowd**	[kráud] クラウド	名 群衆，人ごみ
0633	**diving**	[dáiviŋ] ダイヴィング	名 潜水，ダイビング
0634	**drama**	[drá:mə] ドゥラーマ	名 演劇，ドラマ
0635	**ethnic**	[éθnik] エスニック	形 民族（特有）の
0636	**fine**	[fáin] ファイン	形 すばらしい，元気な，晴れている
0637	**forgetful**	[fərgétfl] ファゲットゥフル	形 忘れっぽい
0638	**globally**	[glóubli] グロウバリィ	副 世界的に
0639	**glove**	[glʌ́v] グラヴ	名 手袋，グローブ
0640	**goodness**	[gúdnəs] グドネス	名 よいこと，善良さ

MAX CHECK !!

0577 — 0640

CHECK 1

0577～0640の英単語を覚えているか確認しましょう。

① 苦い

② 買い物

③ （物事が）退屈な，つまらない

④ 床，階

⑤ 眺め，見方

⑥ ～を（布・手などで）ふく

⑦ 水族館

⑧ ベッド

⑨ ダンサー

⑩ すべての人（＝everyone）

⑪ キツネ

⑫ 目標，ゴール

⑬ 脚（ももの付け根から足首までをさす）

⑭ 目の見えない

⑮ 音楽家，ミュージシャン

CHECK 2

0577～0640の英単語をフレーズで書いて確認しましょう。

① 絵を描く ________ a picture

② 明確な解答 a ________ answer

③ フルートを演奏する play the ________

④ ボールを打つ ________ the ball

⑤ 銃をうつ ________ a gun

⑥ ～の頂上に at the ________ of ～

CHECK 3 日本文と同じ意味になるように ＿＿ に適する語を書きましょう。

① 自転車で行きましょう。

Let's go by ＿＿＿＿＿＿＿＿ .

② 彼はとてもおもしろいです。

He is very ＿＿＿＿＿＿＿＿ .

③ それが明るい未来をつかむかぎです。

That is a ＿＿＿＿＿＿＿＿ to your bright future.

④ その少年はとても眠そうに見えます。

The boy looks very ＿＿＿＿＿＿＿＿ .

⑤ 私はイチゴが好きです。

I like ＿＿＿＿＿＿＿＿ .

⑥ 教科書を開いてください。

Open your ＿＿＿＿＿＿＿＿ , please.

⑦ 昨日はくもっていました。

It was ＿＿＿＿＿＿＿＿ yesterday.

⑧ 私はダイビングが大好きです。

I love ＿＿＿＿＿＿＿＿ .

⑨ 今日は晴れています。

It is ＿＿＿＿＿＿＿＿ today.

⑩ 朝食のあと，私は洗濯をしました。

I did the ＿＿＿＿＿＿＿＿ after breakfast.

解答
CHECK 1 ① bitter ② shopping ③ boring ④ floor ⑤ view ⑥ wipe ⑦ aquarium ⑧ bed ⑨ dancer ⑩ everybody ⑪ fox ⑫ goal ⑬ leg ⑭ blind ⑮ musician
CHECK 2 ① draw ② clear ③ flute ④ hit ⑤ shoot ⑥ top
CHECK 3 ① bicycle ② funny ③ key ④ sleepy ⑤ strawberries ⑥ textbook ⑦ cloudy ⑧ diving ⑨ fine ⑩ laundry

021

Let's listen and write!

0641 —— 0672

No.	Word	Pronunciation	Meaning
0641	**hamburger**	[hǽmbəːrgər] ハンバ〜ガァ	名 ハンバーガー
0642	**horse**	[hɔ́ːrs] ホース	名 馬
0643	**hot spring**	[hát spríŋ] ハット スプリング	名 温泉
0644	**hut**	[hʌ́t] ハット	名 小屋, あばら屋
0645	**jump**	[dʒʌ́mp] ヂャンプ	動 とぶ, ジャンプする
0646	**junior high school**	[dʒúːnjər hái skùːl] ヂューニャ ハイ スクール	名 中学校
0647	**Kenya**	[kénjə] ケニャ	名 ケニア
0648	**leading**	[líːdiŋ] リーディング	形 主要な
0649	**lemon**	[lémən] レモン	名 レモン
0650	**locally**	[lóukəli] ロウカリィ	副 その地方で, 局地的に
0651	**math**	[mǽθ] マス	名 数学
0652	**monkey**	[mʌ́ŋki] マンキィ	名 サル
0653	**parfait**	[pɑːrféi] パーフェイ	名 パフェ
0654	**P.E.**	[píːíː] ピーイー	名 体育（physical education の略）
0655	**penguin**	[péŋgwin] ペングウィン	名 ペンギン
0656	**pizza**	[píːtsə] ピーツァ	名 ピザ

No.	Word	Pronunciation	Meaning
0657	**pottery**	[pɑ́təri] パテリィ	名 陶器，陶芸
0658	**rookie**	[rúki] ルキ	名 新人，ルーキー
0659	**scuba**	[skúːbə] スクーバ	名 スキューバ
0660	**server**	[sə́ːrvər] サ〜ヴァ	名 （レストランの）給仕係
0661	**social studies**	[sóuʃəl stʌ́diz] ソウシャル スタディズ	名 社会科（科目名）
0662	**straight**	[stréit] ストゥレイト	形 まっすぐな
0663	**sunny**	[sʌ́ni] サニィ	形 晴れた
0664	**surgery**	[sə́ːrdʒəri] サ〜ヂェリィ	名 （外科）手術
0665	**swim**	[swím] スウィム	動 泳ぐ
0666	**table**	[téibl] テイブル	名 テーブル
0667	**tiger**	[táigər] タイガァ	名 トラ
0668	**track**	[trǽk] トゥラック	名 線路，通った跡
0669	**trail**	[tréil] トゥレイル	名 （通ってできた）小道
0670	**tube**	[tjúːb] トゥーブ	名 管，（the ～）ロンドンの地下鉄
0671	**vet**	[vét] ヴェット	名 獣医
0672	**waterproof**	[wɔ́ːtərprùːf] ウォータァプルーフ	形 防水の

MAX CHECK !!

0641 — 0672

CHECK 1

0641～0672 の英単語を覚えているか確認しましょう。

① テーブル

② トラ

③ 線路，通った跡

④ （通ってできた）小道

⑤ ペンギン

⑥ 管，（the ～）ロンドンの地下鉄

⑦ サル

⑧ その地方で，局地的に

⑨ レモン

⑩ 主要な

⑪ 陶器，陶芸

⑫ 小屋，あばら屋

⑬ スキューバ

⑭ 馬

⑮ ハンバーガー

CHECK 2

0641～0672 の英単語をフレーズで書いて確認しましょう。

① 一生懸命数学を勉強する　study ＿＿＿＿ hard

② 給仕係として働く　work as a ＿＿＿＿

③ まっすぐな道　a ＿＿＿＿ road

④ 手術室　a ＿＿＿＿ room

⑤ 防水腕時計　a ＿＿＿＿ watch

⑥ 川で泳ぐ　＿＿＿＿ in the river

CHECK 3 | 日本文と同じ意味になるように ＿＿＿ に適する語を書きましょう。

① そのネコはいすの上にとび乗りました。

The cat ＿＿＿＿＿＿＿＿ onto the chair.

② 彼は中学生です。

He is a ＿＿＿＿＿＿ ＿＿＿＿＿＿ ＿＿＿＿＿＿ student.

③ 体育が私のお気に入りの科目です。

＿＿＿＿＿＿＿＿ is my favorite subject.

④ もう1切れピザがほしいです。

I want another slice of ＿＿＿＿＿＿＿＿ .

⑤ 今日は晴れています。

It's ＿＿＿＿＿＿＿＿ today.

⑥ 彼女は獣医になりました。

She became a ＿＿＿＿＿＿＿＿ .

⑦ 彼女は大きなパフェを注文しました。

She ordered a large ＿＿＿＿＿＿＿＿ .

⑧ 私たちのチームのルーキーたちを紹介したいと思います。

I'd like to introduce the ＿＿＿＿＿＿＿＿ on our team.

⑨ 5時間目は社会科です。

The fifth period is ＿＿＿＿＿＿＿＿ ＿＿＿＿＿＿＿＿ .

⑩ 私の町にはいくつか温泉があります。

There are several ＿＿＿＿＿＿＿＿ ＿＿＿＿＿＿＿＿ in my town.

解答
CHECK 1 ① table ② tiger ③ track ④ trail ⑤ penguin ⑥ tube ⑦ monkey ⑧ locally ⑨ lemon ⑩ leading ⑪ pottery ⑫ hut ⑬ scuba ⑭ horse ⑮ hamburger
CHECK 2 ① math ② server ③ straight ④ surgery ⑤ waterproof ⑥ swim
CHECK 3 ① jumped ② junior high school ③ P.E. ④ pizza ⑤ sunny ⑥ vet ⑦ parfait ⑧ rookies ⑨ social studies ⑩ hot springs

まとめて覚える英単語

1

それぞれのテーマの英単語の音を聞き，右の書き込み欄に書いて覚えましょう。

数字（基数・序数）

022

□	0	zero		□	1番目の	first	
□	1	one		□	2番目の	second	
□	2	two		□	3番目の	third	
□	3	three		□	4番目の	fourth	
□	4	four		□	5番目の	fifth	
□	5	five		□	6番目の	sixth	
□	6	six		□	7番目の	seventh	
□	7	seven		□	8番目の	eighth	
□	8	eight		□	9番目の	ninth	
□	9	nine		□	10番目の	tenth	
□	10	ten		□	11番目の	eleventh	
□	11	eleven		□	12番目の	twelfth	
□	12	twelve		□	13番目の	thirteenth	
□	13	thirteen		□	14番目の	fourteenth	
□	14	fourteen		□	15番目の	fifteenth	
□	15	fifteen		□	16番目の	sixteenth	
□	20	twenty		□	17番目の	seventeenth	
□	100	one hundred		□	18番目の	eighteenth	
□	1,000	one thousand		□	19番目の	nineteenth	
□	10,000	ten thousand		□	20番目の	twentieth	
□	1,000,000	one million		□	100番目の	one hundredth	

MAX NOTEBOOK

STAGE 2

中2の英単語

レベル	:	基本 ～ 標準
単語	:	0673 → 1332

全国の多くの中学生が，2年生で出会う単語を集めました。チェックテストに出てくる例文やフレーズといっしょに覚えれば，使い方もマスターできますよ。

0673 —— 0704

No.	Word	Pronunciation	Trace	Meaning
0673	**abroad**	[əbrɔ́:d] アブロード	abroad	副 外国に
0674	**across**	[əkrás] アクラス	across	前 ～を横切って
0675	**afraid**	[əfréid] アフレイド	afraid	形 恐れて
0676	**ago**	[əgóu] アゴウ	ago	副 (今から)～前に
0677	**almost**	[ɔ́:lmoust] オールモウスト	almost	副 ほとんど
0678	**alone**	[əlóun] アロウン	alone	形 1人の 副 1人で
0679	**along**	[əlɔ́(:)ŋ] アロ(ー)ング	along	前 ～に沿って
0680	**amazing**	[əméiziŋ] アメイズィング	amazing	形 驚くべき，すばらしい
0681	**American**	[əmérikən] アメリカン	American	名 アメリカ人 形 アメリカ(人)の
0682	**among**	[əmʌ́ŋ] アマング	among	前 ～の間で
0683	**answer**	[ǽnsər] アンサァ	answer	動 ～に答える 名 答え
0684	**anywhere**	[éni(h)wèər] エニ(フ)ウェア	anywhere	副 (疑問文で) どこか，(否定文で) どこにも (～ない)，(肯定文で) どこでも
0685	**area**	[éəriə] エァリア	area	名 地区，地域
0686	**arrive**	[əráiv] アライヴ	arrive	動 到着する
0687	**become**	[bikʌ́m] ビカム	become	動 ～になる
0688	**beef**	[bí:f] ビーフ	beef	名 牛肉

No.	単語	発音	意味
0689	**begin**	[bigín] ビギン	動 始まる，～を始める
0690	**believe**	[bilí:v] ビリーヴ	動 信じる
0691	**bench**	[béntʃ] ベンチ	名 ベンチ
0692	**better**	[bétər] ベタァ	形 よりよい（goodの比較級） 副 より上手に（wellの比較級）
0693	**between**	[bitwí:n] ビトゥウィーン	前 ～の間に
0694	**both**	[bóuθ] ボウス	形 両方の 代 両方 副（both ～ and ... の形で）両方とも
0695	**bread**	[bréd] ブレッド	名 パン
0696	**burn**	[bə́:rn] バ～ン	動 ～を燃やす
0697	**car**	[ká:r] カー	名 車
0698	**care**	[kéər] ケァ	名 注意，世話
0699	**carrot**	[kǽrət] キャロット	名 ニンジン
0700	**case**	[kéis] ケイス	名 場合，事情
0701	**center**	[séntər] センタァ	名 中心
0702	**century**	[sén(t)ʃəri] センチュリィ	名 世紀
0703	**character**	[kǽrəktər] キャラクタァ	名 性格，特徴
0704	**check**	[tʃék] チェック	動 ～を調べる，～を確認する

STAGE 2
中2の英単語

Let's listen and write!

0705 —— 0736

No.	Word	Pronunciation	Meaning
0705	**Chinese**	[tʃainí:z] チャイニーズ	名 中国語，中国人 形 中国（語・人）の
0706	**close**	[動 klóuz 形 klous] クロウズ，クロウス	動 ～を閉じる 形 近い
0707	**clothes**	[klóuz] クロウズ	名 衣服
0708	**collect**	[kəlékt] コレクト	動 ～を集める
0709	**colorful**	[kʌ́lərfl] カラフル	形 色鮮やかな
0710	**company**	[kʌ́mpəni] カンパニィ	名 会社
0711	**continue**	[kəntínju:] コンティニュー	動 ～を続ける
0712	**create**	[kriéit] クリエイト	動 ～を創造する
0713	**culture**	[kʌ́ltʃər] カルチャ	名 文化
0714	**cut**	[kʌ́t] カット	動 ～を切る
0715	**die**	[dái] ダイ	動 死ぬ
0716	**each**	[í:tʃ] イーチ	形 それぞれの
0717	**east**	[í:st] イースト	名 東 形 東の
0718	**easy**	[í:zi] イーズィ	形 簡単な
0719	**else**	[éls] エルス	副 そのほかに［の］
0720	**end**	[énd] エンド	名 終わり，目的 動 終わる

No.	単語	発音	意味
0721	**enough**	[inʌ́f] イナフ	形 十分な 副 十分に
0722	**even**	[íːvn] イーヴン	副 ～でさえ，（比較級の前で強調して）ずっと
0723	**everything**	[évriθiŋ] エヴリスィング	代 すべてのこと（単数扱い）
0724	**example**	[igzǽmpl] イグザンプル	名 例
0725	**expensive**	[ikspénsiv] イクスペンスィヴ	形 （費用が）高い
0726	**experience**	[ikspíəriəns] イクスピァリエンス	名 経験
0727	**fact**	[fǽkt] ファクト	名 事実
0728	**few**	[fjúː] フュー	形 ほんのわずかな
0729	**finally**	[fáinəli] ファイナリィ	副 最後に，とうとう
0730	**find**	[fáind] ファインド	動 ～を見つける，～とわかる
0731	**finish**	[fíniʃ] フィニッシュ	動 ～を終える
0732	**fly**	[flái] フライ	動 飛ぶ
0733	**football**	[fútbɔːl] フットボール	名 （アメリカン）フットボール〈米〉，サッカー〈英〉
0734	**foreign**	[fɔ́ːrən] フォーリン	形 外国の
0735	**forest**	[fɔ́ːrəst] フォーレスト	名 森林
0736	**forget**	[fərgét] フォゲット	動 ～を忘れる

MAX CHECK !!

0673 — 0736

CHECK 1

0673～0736の英単語を覚えているか確認しましょう。

① ～を集める

② 注意，世話

③ 場合，事情

④ 世紀

⑤ 死ぬ

⑥ 衣服

⑦ 色鮮やかな

⑧ ～を創造する

⑨ 恐れて

⑩ それぞれの

⑪ 始まる，～を始める

⑫ ～を見つける，～とわかる

⑬ 牛肉

⑭ 信じる

⑮ ～を忘れる

CHECK 2

0673～0736の英単語をフレーズで書いて確認しましょう。

① 外国に行く　go ＿＿＿＿

② 道路を横切って　＿＿＿＿ the street

③ ほとんどすべての学生　＿＿＿＿ every student

④ 先生になる　＿＿＿＿ a teacher

⑤ ごみを燃やす　＿＿＿＿ the trash

⑥ 日本文化　Japanese ＿＿＿＿

CHECK 3 日本文と同じ意味になるように ＿＿ に適する語を書きましょう。

① 私を1人にしてください。
Leave me ＿＿＿＿＿＿＿＿.

② この質問に答えてください。
Please ＿＿＿＿＿＿＿＿ this question.

③ どこかに行きましたか。
Did you go ＿＿＿＿＿＿＿＿?

④ 彼女の夢はとうとう実現しました。
＿＿＿＿＿＿＿＿ her dream came true.

⑤ この映画は，あれよりもよいです。
This movie is ＿＿＿＿＿＿＿＿ than that one.

⑥ 私の父は中国語を話せます。
My father can speak ＿＿＿＿＿＿＿＿.

⑦ 彼のお父さんは大企業で働いています。
His father works for a large ＿＿＿＿＿＿＿＿.

⑧ 私は昨年，よい経験をしました。
I had a good ＿＿＿＿＿＿＿＿ last year.

⑨ 子どもでさえそれができます。
＿＿＿＿＿＿＿＿ a child can do it.

⑩ その靴はとても高価です。
The shoes are very ＿＿＿＿＿＿＿＿.

解答
CHECK 1 ① collect ② care ③ case ④ century ⑤ die ⑥ clothes ⑦ colorful ⑧ create ⑨ afraid ⑩ each ⑪ begin ⑫ find ⑬ beef ⑭ believe ⑮ forget
CHECK 2 ① abroad ② across ③ almost ④ become ⑤ burn ⑥ culture
CHECK 3 ① alone ② answer ③ anywhere ④ Finally ⑤ better ⑥ Chinese ⑦ company ⑧ experience ⑨ Even ⑩ expensive

Let's listen and write!

0737 —— 0768

No.	Word	Pronunciation	Trace	Meaning
0737	**glass**	[glǽs] グラス	glass	名 ガラス，グラス
0738	**grow**	[gróu] グロウ	grow	動 成長する
0739	**half**	[hǽf] ハフ	half	名 半分
0740	**happen**	[hǽpn] ハプン	happen	動 起こる
0741	**heavy**	[hévi] ヘヴィ	heavy	形 重い
0742	**hold**	[hóuld] ホウルド	hold	動 〜を保持する，(会など)を開催する
0743	**however**	[hauévər] ハウエヴァ	however	副 しかし(ながら)
0744	**if**	[íf] イフ	if	接 もし〜すれば
0745	**improve**	[imprúːv] インプルーヴ	improve	動 〜を改善する
0746	**inside**	[ìnsáid] インサイド	inside	副 内側に 前 〜の内側に
0747	**internet**	[íntərnet] インタァネット	internet	名 (**the** 〜) インターネット
0748	**into**	[íntə, íntu] イントゥ	into	前 〜の中に
0749	**island**	[áilənd] アイランド	island	名 島
0750	**keep**	[kíːp] キープ	keep	動 〜を保つ
0751	**large**	[lɑ́ːrdʒ] ラーヂ	large	形 大きい
0752	**learn**	[lə́ːrn] ラ〜ン	learn	動 〜を学ぶ

No.	単語	発音	意味
0753	**lose**	[lú:z] ルーズ	動 ～を失う
0754	**magazine**	[mǽgəzi:n] マガズィーン	名 雑誌
0755	**match**	[mǽtʃ] マッチ	名 試合
0756	**member**	[mémbər] メンバァ	名 メンバー
0757	**message**	[mésidʒ] メスィヂ	名 メッセージ
0758	**meter**	[mí:tər] ミータァ	名 メートル
0759	**middle**	[mídl] ミドゥル	名 真ん中
0760	**minute**	[mínət] ミニット	名 分，ちょっとの間
0761	**money**	[mʌ́ni] マニィ	名 お金
0762	**more**	[mɔ́:r] モーァ	形 より多くの 副 もっと
0763	**most**	[móust] モウスト	副 最も 形 最も多くの，ほとんどの
0764	**move**	[mú:v] ムーヴ	動 動く，移る
0765	**must**	[mʌ́st] マスト	助 ～しなければならない
0766	**necessary**	[nésəseri] ネセセリィ	形 必要な
0767	**New Zealand**	[n(j)ù: zí:lənd] ニュー ズィーランド	名 ニュージーランド
0768	**once**	[wʌ́ns] ワンス	副 かつて，一度

STAGE 2
中2の英単語

Let's listen and write!

0769 —— 0800

No.	Word	Pronunciation	Trace	Meaning
0769	**onion**	[ʌ́njən] アニョン	onion	名 タマネギ
0770	**paper**	[péipər] ペイパァ	paper	名 紙
0771	**part**	[pá:rt] パート	part	名 部分
0772	**pass**	[pǽs] パス	pass	動 (時が)過ぎる,〜に合格する,〜を手渡す
0773	**peace**	[pí:s] ピース	peace	名 平和
0774	**perfect**	[pə́:rfikt] パ〜フィクト	perfect	形 完全な
0775	**person**	[pə́:rsn] パ〜スン	person	名 (1人の) 人
0776	**quickly**	[kwíkli] クウィックリィ	quickly	副 素早く
0777	**rain**	[réin] レイン	rain	名 雨 動 雨が降る
0778	**ready**	[rédi] レディ	ready	形 準備ができている
0779	**realize**	[rí:əlaiz] リーアライズ	realize	動 〜を実現する,〜に気がつく,〜を理解する
0780	**reason**	[rí:zn] リーズン	reason	名 理由
0781	**result**	[rizʌ́lt] リザルト	result	名 結果
0782	**return**	[ritə́:rn] リタ〜ン	return	動 戻る,〜を返す 名 返すこと,帰ること
0783	**rise**	[ráiz] ライズ	rise	動 上がる,上昇する
0784	**round**	[ráund] ラウンド	round	形 丸い

No.	Word	Pronunciation	Trace	Meaning
0785	**safe**	[séif] セイフ	safe	形 安全な 名 金庫
0786	**save**	[séiv] セイヴ	save	動 ～を救う
0787	**send**	[sénd] センド	send	動 ～を送る
0788	**several**	[sévərəl] セヴラル	several	形 いくつかの
0789	**shirt**	[ʃə́:rt] シャ～ト	shirt	名 (ワイ)シャツ
0790	**should**	[ʃə́d] シュド	should	助 ～すべきだ
0791	**sick**	[sík] スィック	sick	形 病気の
0792	**side**	[sáid] サイド	side	名 側
0793	**similar**	[símələr] スィミラァ	similar	形 同じような
0794	**sleep**	[slí:p] スリープ	sleep	動 眠る
0795	**someone**	[sʌ́mwʌ̀n] サムワン	someone	代 だれか
0796	**start**	[stá:rt] スタート	start	動 ～を始める，始まる
0797	**story**	[stɔ́:ri] ストーリィ	story	名 物語
0798	**such**	[sə́tʃ] サチ	such	形 そのような
0799	**tall**	[tɔ́:l] トール	tall	形 背が高い
0800	**teach**	[tí:tʃ] ティーチ	teach	動 ～を教える

MAX CHECK !!

0737 — 0800

CHECK 1

0737～0800の英単語を覚えているか確認しましょう。

① 成長する	② 半分	③ （時が）過ぎる，～に合格する，～を手渡す
④ 完全な	⑤ 素早く	⑥ 準備ができている
⑦ 理由	⑧ 戻る，～を返す	⑨ ～を保持する，（会など）を開催する
⑩ 島	⑪ 雨	⑫ ～を学ぶ
⑬ ～すべきだ	⑭ お金	⑮ ～を教える

CHECK 2

0737～0800の英単語をフレーズで書いて確認しましょう。

① インターネット上で　on the ______

② テニス部のメンバー　a ______ of the tennis club

③ メッセージを預かる　take a ______

④ ～の真ん中に　in the ______ of ～

⑤ 必要な情報　______ information

⑥ 丸いテーブル　a ______ table

CHECK 3 日本文と同じ意味になるように ____ に適する語を書きましょう。

① その事故は昨夜起きました。

The accident ____________ last night.

② しかしながら，私は宿題をしなければなりません。

____________, I have to do my homework.

③ もし明日天気がよければ，私たちは買い物に行くつもりです。

____________ it is fine tomorrow, we will go shopping.

④ どうぞ中に入ってください。

Come ____________, please.

⑤ 私はかぎをなくしました。

I ____________ my key.

⑥ 私の兄は雑誌を読んでいました。

My brother was reading a ____________.

⑦ 彼らは，数千マイル移動しました。

They traveled ____________ thousand miles.

⑧ あなたは彼女を助けなければなりません。

You ____________ help her.

⑨ 私は一度ローマを訪れたことがあります。

I have visited Rome ____________.

⑩ だれかがドアをたたいています。

____________ is knocking on the door.

解答
CHECK 1 ① grow ② half ③ pass ④ perfect ⑤ quickly ⑥ ready ⑦ reason ⑧ return ⑨ hold ⑩ island ⑪ rain ⑫ learn ⑬ should ⑭ money ⑮ teach
CHECK 2 ① internet ② member ③ message ④ middle ⑤ necessary ⑥ round
CHECK 3 ① happened ② However ③ If ④ inside ⑤ lost ⑥ magazine ⑦ several ⑧ must ⑨ once ⑩ Someone

Let's listen and write!

0801 —— 0832

No.	単語	発音	品詞	意味
0801	**than**	[ðən] ザン	接	(比較級とともに)～より
0802	**through**	[θrúː] スルー	前	～を通りぬけて
0803	**ticket**	[tíkət] ティケット	名	チケット
0804	**tourist**	[túərist] トゥアリスト	名	観光客，旅行者
0805	**train**	[tréin] トゥレイン	名	電車，列車
0806	**true**	[trúː] トゥルー	形	正しい，本当の
0807	**T-shirt**	[tíːʃəːrt] ティーシャ～ト	名	T シャツ
0808	**understand**	[ʌ̀ndərstǽnd] アンダァスタンド ✓	動	～を理解する
0809	**uniform**	[júːnəfɔ̀ːrm] ユーニフォーム ✓	名	ユニフォーム，制服
0810	**war**	[wɔ́ːr] ウォー	名	戦争
0811	**way**	[wéi] ウェイ	名	道，方法
0812	**wear**	[wéər] ウェア	動	～を着ている，～を身につけている
0813	**will**	[wil] ウィル	助	～するでしょう，～するつもりです
0814	**without**	[wiðáut] ウィザウト ✓	前	～なしで
0815	**young**	[jʌ́ŋ] ヤング	形	若い
0816	**above**	[əbʌ́v] アバヴ	前	～の上に

No.	単語	発音	意味
0817	**action**	[ǽkʃən] アクション	名 行動
0818	**air**	[éər] エァ	名 空気
0819	**angry**	[ǽŋgri] アングリィ	形 怒って
0820	**anyone**	[éniwʌ̀n] エニワン	代 (否定文で) だれも (～ない), (疑問文で) だれか, (肯定文で) だれでも
0821	**aunt**	[ǽnt] アント	名 おば
0822	**baby**	[béibi] ベイビィ	名 赤ちゃん
0823	**bathroom**	[bǽθrù:m] バスルーム	名 浴室, トイレ
0824	**bell**	[bél] ベル	名 ベル, 鐘
0825	**blog**	[blá:g] ブラーグ	名 ブログ
0826	**boat**	[bóut] ボウト	名 ボート
0827	**body**	[bádi] バディ	名 体
0828	**bored**	[bɔ́:rd] ボード	形 (人が) 退屈して, うんざりして
0829	**bridge**	[brídʒ] ブリッヂ	名 橋
0830	**build**	[bíld] ビルド	動 ～を建てる
0831	**coat**	[kóut] コウト	名 コート
0832	**college**	[kálidʒ] カリッヂ	名 (専門の)大学

No.	Word	Tracing	Meaning
0833	**communicate** [kəmjú:nəkèit] コミューニケイト	communicate	動 意思疎通をする
0834	**cookie** [kúki] クッキィ	cookie	名 クッキー
0835	**cry** [krái] クライ	cry	動 泣く
0836	**daily** [déili] デイリィ	daily	形 毎日の
0837	**dangerous** [déindʒərəs] デインヂャラス	dangerous	形 危険な
0838	**daughter** [dɔ́:tər] ドータァ	daughter	名 娘
0839	**decide** [disáid] ディサイド	decide	動 ～を決定する
0840	**deep** [dí:p] ディープ	deep	形 深い
0841	**design** [dizáin] ディザイン	design	動 ～をデザインする 名 デザイン
0842	**either** [í:ðər] イーザァ	either	代 副（2つのうち）どちらか 形（2つのうち）どちらかの（**単数名詞につける**）
0843	**environment** [envái(ə)rənmənt] エンヴァイ(ア)ロンメント	environment	名 環境
0844	**feeling** [fí:liŋ] フィーリング	feeling	名 感情
0845	**glad** [glǽd] グラッド	glad	形 うれしい
0846	**group** [grú:p] グループ	group	名 団体，グループ
0847	**guide** [gáid] ガイド	guide	名 ガイド
0848	**hole** [hóul] ホウル	hole	名 穴

No.	単語	発音	意味
0849	**holiday**	[hálədei] ハリデイ	名 休日
0850	**hurt**	[hə́:rt] ハ〜ト	動 〜を傷つける
0851	**introduce**	[intrəd(j)ú:s] イントゥロデュース	動 〜を紹介する
0852	**invent**	[invént] インヴェント	動 〜を発明する
0853	**line**	[láin] ライン	名 線，ライン
0854	**lonely**	[lóunli] ロウンリィ	形 さびしい，1人の
0855	**lucky**	[lʌ́ki] ラキィ	形 幸運な
0856	**moment**	[móumənt] モウメント	名 瞬間
0857	**musical**	[mjú:zikl] ミューズィカル	形 音楽の，音楽的な 名 ミュージカル
0858	**neighbor**	[néibər] ネイバァ	名 隣人
0859	**own**	[óun] オウン	形 〜自身の
0860	**past**	[pǽst] パスト	名 過去
0861	**piece**	[pí:s] ピース	名 1つ，1個，1切れ
0862	**plant**	[plǽnt] プラント	名 植物 動 〜を植える
0863	**plastic**	[plǽstik] プラスティック	形 プラスチック(製)の，ビニール(製)の
0864	**pleasure**	[pléʒər] プレジャァ	名 喜び

STAGE 2
中2の英単語

MAX CHECK !!

0801 — 0864

CHECK 1

0801 ～ 0864 の英単語を覚えているか確認しましょう。

① ボート

② （人が）退屈して，うんざりして

③ コート

④ 意思疎通をする

⑤ 毎日の

⑥ 深い

⑦ （2つのうち）どちらか

⑧ 感情

⑨ Tシャツ

⑩ 戦争

⑪ ～をデザインする

⑫ 環境

⑬ 空気

⑭ おば

⑮ ベル，鐘

CHECK 2

0801 ～ 0864 の英単語をフレーズで書いて確認しましょう。

① トンネルを通りぬけて　＿＿＿＿ the tunnel

② たくさんの旅行者　a lot of ＿＿＿＿

③ 中国語を理解する　＿＿＿＿ Chinese

④ コートを着ている　＿＿＿＿ a coat

⑤ 家を建てる　＿＿＿＿ a house

⑥ 危険な仕事　a ＿＿＿＿ job

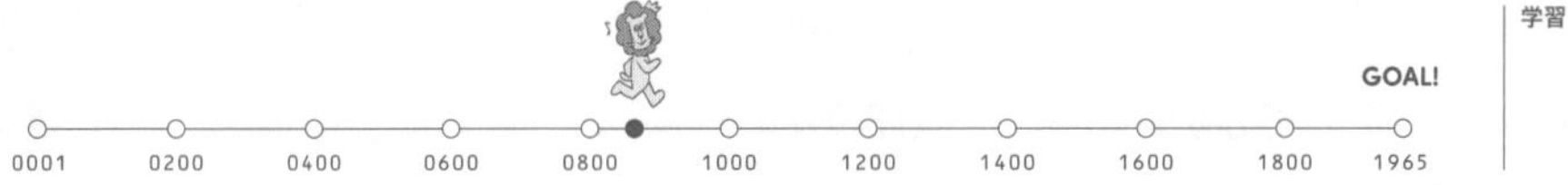

CHECK 3 日本文と同じ意味になるように ＿＿ に適する語を書きましょう。

① この話は本当です。
This story is ＿＿＿＿＿＿.

② 私はいつかそこに行くつもりです。
I ＿＿＿＿＿＿ go there someday.

③ 私はそこではだれも知りませんでした。
I didn't know ＿＿＿＿＿＿ there.

④ その赤ちゃんはとてもかわいい。
The ＿＿＿＿＿＿ is very cute.

⑤ 私には2人の娘がいます。
I have two ＿＿＿＿＿＿.

⑥ とてもうれしいです。
I am so ＿＿＿＿＿＿.

⑦ 自己紹介をしたいと思います。
I would like to ＿＿＿＿＿＿ myself.

⑧ ベルが電話を発明しました。
Bell ＿＿＿＿＿＿ the telephone.

⑨ あなたの息子さんはあなたの助けなしでたくさんのことをすることができます。
Your son can do a lot of things ＿＿＿＿＿＿ your help.

⑩ その赤ちゃんは泣いていました。
The baby was ＿＿＿＿＿＿.

解答
CHECK 1 ① boat ② bored ③ coat ④ communicate ⑤ daily ⑥ deep ⑦ either ⑧ feeling ⑨ T-shirt ⑩ war ⑪ design ⑫ environment ⑬ air ⑭ aunt ⑮ bell
CHECK 2 ① through ② tourists ③ understand ④ wear ⑤ build ⑥ dangerous
CHECK 3 ① true ② will ③ anyone ④ baby ⑤ daughters ⑥ glad ⑦ introduce ⑧ invented ⑨ without ⑩ crying

029 Let's listen and write! 0865 —— 0896

No.	単語	発音	練習	意味
0865	**pocket**	[pákət] パケット	pocket	名 ポケット
0866	**point**	[pɔ́int] ポイント	point	名 ポイント 動 指さす
0867	**pond**	[pánd] パンド	pond	名 池
0868	**poor**	[púər] プァ	poor	形 貧しい，かわいそうな
0869	**positive**	[pázətiv] パズィティヴ	positive	形 積極的な
0870	**power**	[páuər] パウァ	power	名 力，権力，電力
0871	**presentation**	[prìːzəntéiʃən] プリーズンテイション	presentation	名 プレゼンテーション，発表
0872	**quiz**	[kwíz] クウィズ	quiz	名 クイズ，小テスト
0873	**remember**	[rimémbər] リメンバァ	remember	動 ～を覚えている
0874	**respect**	[rispékt] リスペクト	respect	動 ～を尊敬する 名 尊敬
0875	**rest**	[rést] レスト	rest	名 休憩
0876	**row**	[róu] ロウ	row	名（座席の）列
0877	**rule**	[rúːl] ルール	rule	名 規則，ルール
0878	**scientist**	[sáiəntəst] サイエンティスト	scientist	名 科学者
0879	**serious**	[síəriəs] スィ(ア)リアス	serious	形 深刻な
0880	**shape**	[ʃéip] シェイプ	shape	名 姿，形

No.	単語	発音	意味
0881	**share**	[ʃéər] シェア	動 ～を共有する
0882	**site**	[sáit] サイト	名 用地，（インターネットの）サイト
0883	**solve**	[sálv] サルヴ	動 ～を解決する
0884	**speaker**	[spíːkər] スピーカァ	名 話す人，演説家
0885	**spend**	[spénd] スペンド	動（時間）～を過ごす，（お金）～を使う
0886	**stage**	[stéidʒ] ステイヂ	名 ステージ
0887	**stick**	[stík] スティック	名 棒，小枝 動 くっつく
0888	**suddenly**	[sʌ́dnli] サドゥンリィ	副 突然に
0889	**terrible**	[térəbl] テリブル	形 ひどい
0890	**thick**	[θík] スィック	形 濃い
0891	**topic**	[tápik] タピック	名 話題，トピック
0892	**traffic**	[trǽfik] トゥラフィック	形 交通の
0893	**trouble**	[trʌ́bl] トゥラブル	名 心配，困難
0894	**twice**	[twáis] トゥワイス	副 2度，2倍
0895	**unique**	[juːníːk] ユーニーク	形 独特な
0896	**website**	[wébsàit] ウェブサイト	名 ウェブサイト（インターネット上の情報サイト）

STAGE 2

中2の英単語

0897 —— 0928

No.	単語	発音	練習	意味
0897	**wheelchair**	[(h)wíːltʃèər] (フ)ウィールチェア	wheelchair	名 車いす
0898	**wrap**	[rǽp] ラップ	wrap	動 ～を包む
0899	**according**	[əkɔ́ːrdiŋ] アコーディング	according	副 (according to ～で) ～によれば
0900	**America**	[əmérikə] アメリカ	America	名 アメリカ合衆国 (正式名称はthe United States of America)
0901	**appear**	[əpíər] アピア	appear	動 現れる
0902	**article**	[ɑ́ːrtikl] アーティクル	article	名 記事
0903	**athlete**	[ǽθliːt] アスリート ✔	athlete	名 アスリート, 運動選手
0904	**baseball**	[béisbɔ̀ːl] ベイスボール	baseball	名 野球
0905	**because**	[bikɔ́ːz] ビコーズ	because	接 ～なので
0906	**Brazil**	[brəzíl] ブラズィル	Brazil	名 ブラジル
0907	**calligraphy**	[kəlígrəfi] カリグラフィ	calligraphy	名 書道
0908	**carry**	[kǽri] キャリィ	carry	動 ～を運ぶ
0909	**certainly**	[sɔ́ːrtnli] サ～トゥンリィ	certainly	副 確かに, もちろん
0910	**chef**	[ʃéf] シェフ	chef	名 シェフ
0911	**chicken**	[tʃíkin] チキン	chicken	名 とり肉, チキン
0912	**China**	[tʃáinə] チャイナ	China	名 中国

No.	単語	発音	意味
0913	**clerk**	[klə́:rk] クラ〜ク	名 店員，事務員
0914	**coin**	[kɔ́in] コイン	名 コイン，硬貨
0915	**common**	[kámən] カモン	形 共通の
0916	**computer**	[kəmpjú:tər] コンピュータァ	名 コンピューター
0917	**connect**	[kənékt] コネクト	動 〜を接続する，（電話の相手を）〜につなぐ
0918	**corner**	[kɔ́:rnər] コーナァ	名 角，すみ
0919	**count**	[káunt] カウント	動 〜を数える，数を数える
0920	**customer**	[kʌ́stəmər] カスタマァ	名 （お店などの）客
0921	**disappear**	[disəpíər] ディサピァ	動 消える
0922	**dish**	[díʃ] ディッシュ	名 皿
0923	**dream**	[drí:m] ドゥリーム	名 夢 動 夢を見る
0924	**drive**	[dráiv] ドゥライヴ	動 〜を運転する
0925	**earth**	[ə́:rθ] ア〜ス	名 （the 〜）地球
0926	**effort**	[éfərt] エフォト	名 努力
0927	**e-mail**	[í:mèil] イーメイル	名 E メール
0928	**everywhere**	[évri(h)wèər] エヴリ(フ)ウェア	副 いたるところで

MAX CHECK !!

0865 — 0928

CHECK 1

0865～0928の英単語を覚えているか確認しましょう。

① ポケット

② 独特な

③ 車いす

④ 積極的な

⑤ 記事

⑥ 野球

⑦ 深刻な

⑧ シェフ

⑨ プレゼンテーション，発表

⑩ ～を尊敬する

⑪ 科学者

⑫ 努力

⑬ 突然に

⑭ （時間）～を過ごす，（お金）～を使う

⑮ 棒，小枝

CHECK 2

0865～0928の英単語をフレーズで書いて確認しましょう。

① 大きな池　a large ________

② 彼の名前を覚えている　________ his name

③ 休憩をとる　take a ________

④ 前列　the front ________

⑤ 問題を解決する　________ a problem

⑥ ひどい事故　a ________ accident

CHECK 3 日本文と同じ意味になるように ＿＿ に適する語を書きましょう。

① そのトピックについて話をしましょう。
Let's talk about the ＿＿＿＿＿＿.

② 私たちには今，心配事がたくさんあります。
We have a lot of ＿＿＿＿＿＿ now.

③ 私は東京を2度訪れたことがあります。
I've visited Tokyo ＿＿＿＿＿＿.

④ 多くの動物が現れ，消えました。
Many animals ＿＿＿＿＿＿ and disappeared.

⑤ ブラジルにはよいサッカー選手がたくさんいます。
There are many good soccer players in ＿＿＿＿＿＿.

⑥ 私は確かにそう思います。
I ＿＿＿＿＿＿ think so.

⑦ 私の兄は中国に住んでいます。
My brother lives in ＿＿＿＿＿＿.

⑧ 〈電話で〉彼におつなぎします。
I'll ＿＿＿＿＿＿ you to him.

⑨ 私の兄は上手に車を運転することができます。
My brother can ＿＿＿＿＿＿ a car well.

⑩ あなたは皿を洗う必要はありません。
You don't have to wash the ＿＿＿＿＿＿.

解答
CHECK 1 ① pocket ② unique ③ wheelchair ④ positive ⑤ article ⑥ baseball ⑦ serious ⑧ chef ⑨ presentation ⑩ respect ⑪ scientist ⑫ effort ⑬ suddenly ⑭ spend ⑮ stick
CHECK 2 ① pond ② remember ③ rest ④ row ⑤ solve ⑥ terrible
CHECK 3 ① topic ② troubles ③ twice ④ appeared ⑤ Brazil ⑥ certainly ⑦ China ⑧ connect ⑨ drive ⑩ dishes

Let's listen and write!

0929 — 0960

No.	Word	Pronunciation	Trace	Meaning
0929	**exciting**	[iksáitiŋ] イクサイティング	exciting	形 わくわくさせるような
0930	**fantastic**	[fæntǽstik] ファンタスティック	fantastic	形 すばらしい
0931	**farmer**	[fá:rmər] ファーマァ	farmer	名 農場経営者
0932	**father**	[fá:ðər] ファーザァ	father	名 父，父親
0933	**finger**	[fíŋgər] フィンガァ	finger	名 指
0934	**fire**	[fáiər] ファイァ	fire	名 火
0935	**forever**	[fərévər] フォレヴァ	forever	副 永遠に
0936	**friendly**	[frén(d)li] フレン(ド)リィ	friendly	形 親しみやすい
0937	**gather**	[gǽðər] ギャザァ	gather	動 集まる，〜を集める
0938	**gift**	[gíft] ギフト	gift	名 贈り物
0939	**goods**	[gúdz] グッヅ	goods	名 商品
0940	**guest**	[gést] ゲスト	guest	名 招待客，（ホテルなどの）宿泊客
0941	**head**	[héd] ヘッド	head	名 頭
0942	**headache**	[hédèik] ヘデイク	headache	名 頭痛
0943	**helpful**	[hélpfl] ヘルプフル	helpful	形 役に立つ
0944	**host**	[hóust] ホウスト	host	名 主人，ホスト役

No.	単語	発音	なぞり書き	意味
0945	**hunt**	[hʌ́nt] ハント	hunt	動 ～を狩る
0946	**India**	[índiə] インディア	India	名 インド
0947	**invite**	[inváit] インヴァイト ✓	invite	動 ～を招待する
0948	**Italy**	[ítəli] イタリィ	Italy	名 イタリア
0949	**kill**	[kíl] キル	kill	動 ～を殺す
0950	**koala**	[kouá:lə] コウアーラ ✓	koala	名 コアラ
0951	**leave**	[lí:v] リーヴ	leave	動 (～を)出発する
0952	**letter**	[létər] レタァ	letter	名 手紙
0953	**meaning**	[mí:niŋ] ミーニング	meaning	名 意味
0954	**meat**	[mí:t] ミート	meat	名 肉
0955	**natural**	[nǽtʃərəl] ナチュラル	natural	形 自然の, 当然の
0956	**never**	[névər] ネヴァ	never	副 決して～ない, 一度も～ない
0957	**newspaper**	[n(j)ú:zpèipər] ニューズペイパァ	newspaper	名 新聞
0958	**notebook**	[nóutbùk] ノウトブック	notebook	名 ノート
0959	**original**	[ərídʒənl] オリヂヌル	original	形 最初の, もともとの
0960	**panda**	[pǽndə] パンダ	panda	名 パンダ

No.	単語	発音	練習	意味
0961	**pay**	[péi] ペイ	pay	動 ～を支払う，(注意)を払う
0962	**pen**	[pén] ペン	pen	名 ペン
0963	**pencil**	[pénsl] ペンスル	pencil	名 えんぴつ
0964	**percent**	[pərsént] パセント ✓	percent	名 パーセント
0965	**period**	[píəriəd] ピ(ア)リオッド	period	名 期間
0966	**photographer**	[fətágrəfər] フォタグラファ ✓	photographer	名 写真家
0967	**police officer**	[pəlí:s ɑ̀fəsər] ポリース アフィサァ	police officer	名 警察官
0968	**pork**	[pɔ́:rk] ポーク	pork	名 豚肉
0969	**pot**	[pát] パット	pot	名 ポット，深いなべ
0970	**potato**	[pətéitou] ポテイトウ ✓	potato	名 ジャガイモ，ポテト
0971	**prepare**	[pripéər] プリペァ	prepare	動 準備する
0972	**pretty**	[príti] プリティ	pretty	形 かわいい 副 かなり
0973	**price**	[práis] プライス	price	名 価格
0974	**print**	[prínt] プリント	print	動 ～を印刷する
0975	**produce**	[prəd(j)ú:s] プロデュース	produce	動 ～を生産する
0976	**product**	[prádəkt] プラダクト ✓	product	名 製品

No.	単語	発音	意味
0977	**rainy**	[réini] レイニィ	形 雨降りの
0978	**real**	[rí:əl] リーアル	形 本当の
0979	**research**	[動 ri:sə́:rtʃ 名 rí:sə:rtʃ] リサ〜チ, リサ〜チ	動 〜を研究する 名 研究
0980	**rich**	[rítʃ] リッチ	形 金持ちの
0981	**ride**	[ráid] ライド	動 (〜に) 乗る
0982	**science**	[sáiəns] サイエンス	名 科学, 理科
0983	**sea**	[sí:] スィー	名 海
0984	**seafood**	[sí:fù:d] スィーフド	名 シーフード, 魚介類
0985	**shop**	[ʃáp] シャップ	名 店
0986	**sit**	[sít] スィット	動 座る
0987	**size**	[sáiz] サイズ	名 大きさ
0988	**society**	[səsáiəti] ソサイエティ	名 社会
0989	**sorry**	[sári] サリィ	形 すまなく思って, 気の毒で
0990	**spaghetti**	[spəgéti] スパゲティ	名 スパゲッティ
0991	**spread**	[spréd] スプレッド	名 広がること, 普及 動 広がる, 〜を広げる
0992	**staff**	[stǽf] スタッフ	名 スタッフ, 職員

MAX CHECK !!

0929 — 0992

CHECK 1

0929 ~ 0992 の英単語を覚えているか確認しましょう。

① 農場経営者

② 新聞

③ 招待客,（ホテルなどの）宿泊客

④ ~を殺す

⑤ かわいい

⑥ 科学，理科

⑦ 座る

⑧ 社会

⑨ 指

⑩ 永遠に

⑪ 火

⑫ 頭

⑬ 主人，ホスト役

⑭ ~を研究する

⑮ 自然の，当然の

CHECK 2

0929 ~ 0992 の英単語をフレーズで書いて確認しましょう。

① 花をつむ ______ flowers

② 手紙を書く write a ______

③ その単語の意味 the ______ of the word

④ ~に注意を払う ______ attention to ~

⑤ エネルギーを生産する ______ energy

⑥ 金持ちの人 ______ people

CHECK 3

日本文と同じ意味になるように ____ に適する語を書きましょう。

① フットボールの試合はわくわくします。

Football games are ________.

② 彼はとても親しみやすいです。

He is very ________.

③ 私は頭痛がします。

I have a ________.

④ インドに行ったことがありますか。

Have you ever been to ________?

⑤ 私は彼をパーティーに招待しました。

I ________ him to the party.

⑥ 私は彼に一度も会ったことがありません。

I have ________ met him.

⑦ この製品の価格はとても高いです。

The ________ of this product is very high.

⑧ 今日は雨降りです。

It is ________ today.

⑨ ごめんなさい。

I'm ________.

⑩ 最初のアイデアのほうが興味深いです。

The ________ idea is more interesting.

解答

CHECK 1 ① farmer ② newspaper ③ guest ④ kill ⑤ pretty ⑥ science ⑦ sit ⑧ society ⑨ finger ⑩ forever ⑪ fire ⑫ head ⑬ host ⑭ research ⑮ natural

CHECK 2 ① gather ② letter ③ meaning ④ pay ⑤ produce ⑥ rich

CHECK 3 ① exciting ② friendly ③ headache ④ India ⑤ invited ⑥ never ⑦ price ⑧ rainy ⑨ sorry ⑩ original

033

Let's listen and write!

0993 — 1024

No.	Word	Pronunciation	Meaning
0993	**stair**	[stéər] ステア	名 (階段の) 段, (複数形で) 階段
0994	**stop**	[stάp] スタップ	動 止まる, ～をやめる 名 停留所
0995	**store**	[stɔ́:r] ストー	名 店
0996	**strong**	[strɔ́(:)ŋ] ストゥロ(ー)ング	形 強い
0997	**sweater**	[swétər] スウェタァ	名 セーター
0998	**swimming**	[swímiŋ] スウィミング	名 水泳, スイミング
0999	**tennis**	[ténəs] テニス	名 テニス
1000	**tomato**	[təméitou] トメイトウ	名 トマト
1001	**translate**	[trǽnsleit] トゥランスレイト	動 ～を通訳する, ～を翻訳する
1002	**type**	[táip] タイプ	名 型, タイプ 動 文字を打ち込む
1003	**university**	[jù:nəvə́:rsəti] ユーニヴァ～スィティ	名 (総合) 大学
1004	**various**	[véəriəs] ヴェ(ア)リアス	形 さまざまな
1005	**volleyball**	[vάlibɔ̀:l] ヴァリボール	名 バレーボール
1006	**wake**	[wéik] ウェイク	動 目が覚める
1007	**warm**	[wɔ́:rm] ウォーム	形 暖かい
1008	**wash**	[wάʃ] ワッシ	動 ～を洗う

1009 **wife** [wáif] ワイフ wife 名 妻

1010 **wonder** [wʌ́ndər] ワンダァ wonder 動 ～を不思議に思う 名 驚き

1011 **world** [wə́ːrld] ワ～ルド world 名 世界

1012 **writer** [ráitər] ライタァ writer 名 作家

1013 **advice** [ədváis] アドヴァイス advice 名 アドバイス

1014 **attractive** [ətrǽktiv] アトゥラクティヴ attractive 形 魅力的な

1015 **awesome** [ɔ́ːsəm] オーサム awesome 形 すばらしい

1016 **beauty** [bjúːti] ビューティ beauty 名 美しさ

1017 **beyond** [bijánd] ビヤンド beyond 前 ～を超えたところに［へ］

1018 **cafe** [kæféi] カフェイ cafe 名 喫茶店，カフェ

1019 **camp** [kǽmp] キャンプ camp 名 キャンプ 動 キャンプをする

1020 **comedy** [kámədi] カメディ comedy 名 喜劇

1021 **condition** [kəndíʃən] コンディション condition 名 状況

1022 **creative** [kriéitiv] クリエイティヴ creative 形 創造力のある

1023 **damage** [dǽmidʒ] ダミッヂ damage 動 ～に損害を与える 名 損害

1024 **dive** [dáiv] ダイヴ dive 動 もぐる，ダイビングをする

Let's listen and write!

1025 **envelope** [énvəloup] エンヴェロウプ envelope 名 封筒

1026 **explain** [iksplέin] イクスプレイン explain 動 ～を説明する

1027 **fiction** [fíkʃən] フィクション fiction 名 物語，作り話

1028 **freedom** [frí:dəm] フリーダム freedom 名 自由

1029 **ground** [gráund] グラウンド ground 名 地面

1030 **herself** [hə:rsélf] ハ～セルフ herself 代 彼女自身

1031 **horror** [hɔ́(:)rər] ホ(ー)ラァ horror 名 恐怖

1032 **husband** [hʌ́zbənd] ハズバンド husband 名 夫

1033 **kick** [kík] キック kick 動 ～を蹴る

1034 **kindness** [káin(d)nəs] カインドゥネス kindness 名 親切，親切な行為

1035 **knock** [nák] ナック knock 動 ノックする

1036 **land** [lǽnd] ランド land 名 土地，陸

1037 **lawyer** [lɔ́:jər] ローヤァ lawyer 名 弁護士

1038 **leader** [lí:dər] リーダァ leader 名 指導者

1039 **leaf** [lí:f] リーフ leaf 名（草木の）葉

1040 **noon** [nú:n] ヌーン noon 名 正午

No.	単語	発音	意味
1041	**note**	[nóut] ノウト	名 メモ，短い手紙 動 ～をメモする
1042	**operation**	[àpəréiʃən] アペレイション	名 手術
1043	**overseas**	[òuvərsí:z] オウヴァスィーズ	副 海外へ
1044	**painting**	[péintiŋ] ペインティング	名 絵画，絵を描くこと
1045	**planet**	[plǽnit] プラニット	名 惑星
1046	**plate**	[pléit] プレイト	名 とり皿，(浅くて丸い)皿
1047	**pop**	[páp] パップ	形 大衆的な
1048	**probably**	[prábəbli] プラバブリィ	副 おそらく，十中八九
1049	**pull**	[púl] プル	動 ～を引く
1050	**recipe**	[résəpi] レスィピ	名 レシピ
1051	**relay**	[rí:lei] リーレイ	名 リレー 動 ～を伝える
1052	**remind**	[rimáind] リマインド	動 ～に思い出させる
1053	**sacred**	[séikrid] セイクリッド	形 神聖な
1054	**select**	[səlékt] セレクト	動 ～を選ぶ
1055	**sense**	[séns] センス	名 感覚，判断
1056	**shall**	[ʃǽl] シャル	助 (**Shall we ～ ?**) (いっしょに)～しましょうか，(**Shall I ～ ?**) ～しましょうか

MAX CHECK !!

0993 — 1056

CHECK 1

0993～1056の英単語を覚えているか確認しましょう。

① 作家

② ～を超えたところに[へ]

③ 喜劇

④ 創造力のある

⑤ もぐる，ダイビングをする

⑥ ～を説明する

⑦ 自由

⑧ 恐怖

⑨ セーター

⑩ 夫

⑪ 惑星

⑫ 弁護士

⑬ さまざまな

⑭ 目が覚める

⑮ ～を不思議に思う

CHECK 2

0993～1056の英単語をフレーズで書いて確認しましょう。

① 階段を上る　go up the ______

② 強い風　a ______ wind

③ 皿を洗う　______ the dishes

④ 1つのアドバイス　a piece of ______

⑤ 自然の美しさ　the ______ of nature

⑥ ドアをノックする　______ on the door

CHECK 3 日本文と同じ意味になるように ＿＿ に適する語を書きましょう。

① 暖かくなってきています。
It's getting ＿＿＿＿＿＿＿＿.

② 彼の声はとても魅力的です。
His voice is very ＿＿＿＿＿＿＿＿.

③ そのカフェに行きましょう。
Let's go to the ＿＿＿＿＿＿＿＿.

④ 彼女は自分自身について話しました。
She talked about ＿＿＿＿＿＿＿＿.

⑤ 私は絵を描くことが好きです。
I like ＿＿＿＿＿＿＿＿.

⑥ おそらく明日雪が降るでしょう。
It will ＿＿＿＿＿＿＿＿ snow tomorrow.

⑦ 犬のしっぽを引っ張るな。
Don't ＿＿＿＿＿＿＿＿ a dog's tail.

⑧ レシピを見なさい。
Look at the ＿＿＿＿＿＿＿＿.

⑨ いっしょに外食しましょうか。
＿＿＿＿＿＿＿＿ we go out to eat?

⑩ ジョンは壁に向けてボールを蹴りました。
John ＿＿＿＿＿＿＿＿ the ball against the wall.

解答
CHECK 1 ① writer ② beyond ③ comedy ④ creative ⑤ dive ⑥ explain ⑦ freedom ⑧ horror ⑨ sweater ⑩ husband ⑪ planet ⑫ lawyer ⑬ various ⑭ wake ⑮ wonder
CHECK 2 ① stairs ② strong ③ wash ④ advice ⑤ beauty ⑥ knock
CHECK 3 ① warm ② attractive ③ cafe ④ herself ⑤ painting ⑥ probably ⑦ pull ⑧ recipe ⑨ Shall ⑩ kicked

035 Let's listen and write!

1057 —— 1088

No.	単語	発音	意味
1057	**sink**	[síŋk] スィンク	名 洗面台 動 沈む
1058	**skill**	[skíl] スキル	名 技術
1059	**soft**	[sɔ́(:)ft] ソ(ー)フト	形 やわらかい
1060	**square**	[skwéər] スクウェア	名 正方形，平方 形 四角い，正方形の
1061	**stationery**	[stéiʃəneri] ステイショネリィ	名 文房具
1062	**stomachache**	[stʌ́məkèik] スタマケイク	名 腹痛
1063	**technology**	[teknɑ́lədʒi] テクナロヂィ	名 技術
1064	**tiny**	[táini] タイニィ	形 ごく小さい
1065	**tour**	[túər] トゥア	名 ツアー
1066	**wisdom**	[wízdəm] ウィズダム	名 知恵
1067	**World Heritage Site**	[wə́:rld hérətidʒ sàit] ワ〜ルド ヘリティッヂ サイト	名 世界遺産
1068	**air conditioner**	[éər kəndiʃənər] エァ コンディショナァ	名 エアコン
1069	**animated**	[ǽnəmèitid] アニメイティッド	形 アニメ化された
1070	**Asian**	[éiʒən] エイジャン	形 アジア（人）の
1071	**attach**	[ətǽtʃ] アタッチ	動 〜を添付する，〜を貼り付ける
1072	**autumn**	[ɔ́:təm] オータム	名 秋〈英〉

No.	単語	発音	意味
1073	**avocado**	[ævəkɑ́:dou] アヴォカードゥ	名 アボカドの実
1074	**barrier**	[bǽriər] バリアァ	名 障害，柵，障壁
1075	**bear**	[béər] ベァ	名 クマ
1076	**beside**	[bisáid] ビサイド	前 ～のそばに，～の隣に
1077	**British**	[brítiʃ] ブリティッシュ	形 イギリス［英国］の，イギリス人の 名 イギリス［英国］人
1078	**California**	[kæləfɔ́:rnjə] キャリフォーニャ	名 カリフォルニア（米国太平洋岸の州）
1079	**carefully**	[kéərfəli] ケアフリィ	副 注意深く
1080	**childhood**	[tʃáildhùd] チャイルドゥフッド	名 子ども時代
1081	**clearly**	[klíərli] クリアリィ	副 明らかに
1082	**contact**	[kɑ́ntækt] カンタクト	動 ～と連絡を取る
1083	**content**	[kɑ́ntent] カンテント ✓	名 中身，内容
1084	**convenience**	[kənví:niəns] コンヴィーニエンス	名 便利（なこと）
1085	**couple**	[kʌ́pl] カプル	名 夫婦
1086	**cultural**	[kʌ́ltʃərəl] カルチュラル	形 文化の
1087	**cushion**	[kúʃən] クッション	名 クッション，座布団
1088	**data**	[déitə] デイタ	名 資料，データ

036

Let's listen and write!

1089 —— 1120

No.	単語	発音	意味
1089	**decrease**	[di:krí:s] ディークリース	動 減る，減少する
1090	**dentist**	[déntəst] デンティスト	名 歯医者
1091	**department store**	[dipá:rtmənt stɔ̀:r] ディパートゥメントゥ ストーァ	名 デパート
1092	**dinosaur**	[dáinəsɔ̀:r] ダイナソーァ	名 恐竜
1093	**directly**	[dəréktli] ディレクトリィ	副 直接に
1094	**discover**	[diskʌ́vər] ディスカヴァ	動 ～を発見する
1095	**elderly**	[éldərli] エルダァリィ	形 年配の
1096	**feature**	[fí:tʃər] フィーチャ	名 特色，特徴
1097	**Ferris wheel**	[féris (h)wì:l] フェリス (フ)ウィール	名 観覧車
1098	**flour**	[fláuər] フラウァ	名 小麦粉
1099	**gorilla**	[gərílə] ゴリラ	名 ゴリラ
1100	**graph**	[grǽf] グラフ	名 グラフ
1101	**heritage**	[hérətidʒ] ヘリティッヂ	名 遺産
1102	**homestay**	[hóumstèi] ホウムステイ	名 ホームステイ
1103	**influence**	[ínfluəns] インフルエンス	名 影響 動 ～に影響を与える
1104	**inspiration**	[inspəréiʃən] インスピレイション	名 インスピレーション

No.	単語	発音	意味
1105	**invention**	[invénʃən] インヴェンション	名 発明，発明品
1106	**kilometer**	[kəlámətər] キラメタァ	名 キロメートル
1107	**knowledge**	[nálidʒ] ナリッヂ	名 知識，理解
1108	**list**	[líst] リスト	名 リスト，一覧表 動 ～をリスト化する
1109	**mango**	[mǽŋgou] マンゴウ	名 マンゴー
1110	**medium**	[mí:diəm] ミーディアム	名 中間，（複数形で）マスメディア 形 中間の
1111	**menu**	[ménju:] メニュー	名 メニュー
1112	**midnight**	[mídnait] ミッドナイト	名 真夜中
1113	**milk**	[mílk] ミルク	名 牛乳
1114	**misunderstand**	[mìsʌndərstǽnd] ミサンダスタンド	動 ～を誤解する
1115	**originally**	[ərídʒənəli] オリヂナリィ	副 もともとは，最初は
1116	**pants**	[pǽn(t)s] パンツ	名 ズボン
1117	**poet**	[póuət] ポウエット	名 詩人
1118	**precious**	[préʃəs] プレシャス	形 貴重な
1119	**professor**	[prəfésər] プロフェサァ	名 教授
1120	**progress**	[動 prəgrés 名 prágres] プログレス，プラグレス	動 進歩する 名 進歩，発達

MAX CHECK !!

1057 — 1120

CHECK 1

1057～1120 の英単語を覚えているか確認しましょう。

① ～を添付する，～を貼り付ける

② 子ども時代

③ 中身，内容

④ 減る，減少する

⑤ 小麦粉

⑥ グラフ

⑦ ～を発見する

⑧ 知識，理解

⑨ 文房具

⑩ ツアー

⑪ 教授

⑫ 真夜中

⑬ 牛乳

⑭ 障害，柵，障壁

⑮ 注意深く

CHECK 2

1057～1120 の英単語をフレーズで書いて確認しましょう。

① 正方形を描く　draw a ______

② 技術の発達　development in ______

③ 非常に賢い人　a person of great ______

④ 文化的な違い　a ______ difference

⑤ 彼と直接話す　talk to him ______

⑥ 年配の男性　an ______ man

CHECK 3 日本文と同じ意味になるように ＿＿ に適する語を書きましょう。

① お腹が激しく痛みます。
I have a severe ＿＿＿＿＿＿＿＿ .

② 2，3日のうちに連絡します。
I will ＿＿＿＿＿＿＿＿ you in a few days.

③ 彼女は月に1度歯医者へ通っています。
She goes to the ＿＿＿＿＿＿＿＿ once a month.

④ メニューをお願いします。
Can I see the ＿＿＿＿＿＿＿＿ ?

⑤ もっとはっきりと話していただきたいのですが。
I'd like you to speak more ＿＿＿＿＿＿＿＿ .

⑥ 駅に行く途中にコンビニエンスストアがあります。
There is a ＿＿＿＿＿＿＿＿ store on the way to the station.

⑦ あの老夫婦はとても幸せそうに見えました。
That old ＿＿＿＿＿＿＿＿ looked very happy.

⑧ あの本は彼によい影響を与えました。
That book had a good ＿＿＿＿＿＿＿＿ on him.

⑨ あなたは新しい技術を学ぶことをやめるべきではありません。
You shouldn't stop learning new ＿＿＿＿＿＿＿＿ .

⑩ 誤解しないで。
Don't ＿＿＿＿＿＿＿＿ me.

解答
CHECK 1 ① attach ② childhood ③ content ④ decrease ⑤ flour ⑥ graph ⑦ discover ⑧ knowledge ⑨ stationery ⑩ tour ⑪ professor ⑫ midnight ⑬ milk ⑭ barrier ⑮ carefully
CHECK 2 ① square ② technology ③ wisdom ④ cultural ⑤ directly ⑥ elderly
CHECK 3 ① stomachache ② contact ③ dentist ④ menu ⑤ clearly ⑥ convenience ⑦ couple ⑧ influence ⑨ skills ⑩ misunderstand

No.	Word	Pronunciation	Trace	Meaning
1121	**relationship**	[riléiʃənʃìp] リレイションシップ	relationship	名 関係，関連
1122	**remove**	[rimúːv] リムーヴ	remove	動 ～を取り除く
1123	**reply**	[riplái] リプライ	reply	動 返事をする
1124	**roll**	[róul] ロウル	roll	動 回転する
1125	**sale**	[séil] セイル	sale	名 販売
1126	**sauce**	[sɔ́ːs] ソース	sauce	名 ソース
1127	**scary**	[skéəri] スケアリィ	scary	形 （話などが）怖い，恐ろしい
1128	**scene**	[síːn] スィーン	scene	名 光景，（演劇などの）シーン
1129	**seaweed**	[síːwìːd] スィーウィード	seaweed	名 海藻
1130	**selection**	[səlékʃən] セレクション	selection	名 選択，選ばれた物［人］
1131	**Singapore**	[síŋ(g)əpɔ̀ːr] スィンガポーァ	Singapore	名 シンガポール
1132	**slowly**	[slóuli] スロウリィ	slowly	副 ゆっくり
1133	**specific**	[spəsífik] スペシフィック	specific	形 特定の，具体的な
1134	**strict**	[stríkt] ストゥリクト	strict	形 厳しい
1135	**sun**	[sʌ́n] サン	sun	名 （the ～）太陽
1136	**supermarket**	[súːpərmɑ̀ːrkət] スーパァマーケット	supermarket	名 スーパーマーケット

No.	Word	Pronunciation	Meaning
1137	**tent**	[tént] テント	名 テント
1138	**toothache**	[túːθèik] トゥーセイク	名 歯痛
1139	**tough**	[tʌ́f] タフ	形 困難な
1140	**tradition**	[trədíʃən] トゥラディション	名 伝統
1141	**UNESCO**	[ju(ː)néskou] ユ(ー)ネスコウ	名 ユネスコ，国連教育科学文化機関
1142	**wave**	[wéiv] ウェイヴ	名 波
1143	**weight**	[wéit] ウェイト	名 重いもの，重さ，おもり
1144	**worldwide**	[wə́ːrldwáid] ワ～ルドワイド	形 世界的な
1145	**able**	[éibl] エイブル	形 能力のある
1146	**adult**	[ədʌ́lt] アダルト	名 成人 形 成人の
1147	**anymore**	[ènimɔ́ːr] エニモーァ	副 （否定文で）これ以上（～しない）
1148	**attention**	[əténʃən] アテンション	名 注意
1149	**bacon**	[béikn] ベイコン	名 ベーコン
1150	**bake**	[béik] ベイク	動 （パンやお菓子など）を焼く
1151	**bedroom**	[bédruːm] ベッドルーム	名 寝室
1152	**bit**	[bít] ビット	名 少量

No.	Word	Pronunciation	Trace	Meaning
1153	**blossom**	[blɑ́səm] ブラッサム	blossom	名 花
1154	**brush**	[brʌ́ʃ] ブラッシュ	brush	動 ～にブラシをかける
1155	**butterfly**	[bʌ́tərflài] バタフライ	butterfly	名 チョウ
1156	**cabbage**	[kǽbidʒ] キャビッヂ	cabbage	名 キャベツ
1157	**Christmas**	[krísməs] クリスマス	Christmas	名 クリスマス
1158	**comfortable**	[kʌ́mftəbl] カンフタブル	comfortable	形 快適な，心地よい
1159	**couch**	[káutʃ] カウチ	couch	名 長いす，ソファー
1160	**cover**	[kʌ́vər] カヴァ	cover	動 ～を覆う
1161	**crane**	[kréin] クレイン	crane	名 ツル
1162	**degree**	[digríː] ディグリー	degree	名（温度・角度・経度・緯度の単位の）度
1163	**dictionary**	[díkʃənèri] ディクショネリィ	dictionary	名 辞書
1164	**dirty**	[dəː*r*ti] ダ～ティ	dirty	形 汚い
1165	**dress**	[drés] ドゥレス	dress	名 ドレス 動 服を着る
1166	**drone**	[dróun] ドロウン	drone	名 ドローン（無線操縦の無人機）
1167	**eco-friendly**	[ékoufrén(d)li] エコウフレン(ド)リィ	eco-friendly	形 環境にやさしい
1168	**empty**	[ém(p)ti] エンプティ	empty	形 空の，（部屋などが）空いている

No.	単語	発音	意味
1169	**engineer**	[èn(d)ʒəníər] エンヂニア	名 エンジニア
1170	**eraser**	[iréisər] イレイサァ	名 消しゴム
1171	**exactly**	[igzǽk(t)li] イグザク(ト)リィ	副 正確に
1172	**exam**	[igzǽm] イグザム	名 試験
1173	**exercise**	[éksərsàiz] エクサァサイズ	動 運動する 名 運動
1174	**express**	[iksprés] イクスプレス	動 ～を表現する
1175	**fail**	[féil] フェイル	動 失敗する，怠る
1176	**farm**	[fá:rm] ファーム	名 農場
1177	**fence**	[féns] フェンス	名 フェンス，柵
1178	**final**	[fáinl] ファイナル	形 最後の
1179	**garden**	[gá:rdn] ガードゥン	名 庭
1180	**gate**	[géit] ゲイト	名 門
1181	**grandparent**	[grǽndpèərənt] グランドペアレント	名 祖父，祖母，(**複数形で**) 祖父母
1182	**hang**	[hǽŋ] ハング	動 掛かる，～を掛ける
1183	**healthy**	[hélθi] ヘルスィ	形 健康的な
1184	**hometown**	[hóumtáun] ホウムタウン	名 故郷

MAX CHECK !!

1121 — 1184

CHECK 1

1121～1184の英単語を覚えているか確認しましょう。

① ～を取り除く
② 重いもの，重さ
③ 伝統
④ 注意
⑤ （パンやお菓子など）を焼く
⑥ 成人
⑦ ～にブラシをかける
⑧ キャベツ
⑨ ～を覆う
⑩ 汚い
⑪ 消しゴム
⑫ 選択
⑬ ゆっくり
⑭ スーパーマーケット
⑮ 健康的な

CHECK 2

1121～1184の英単語をフレーズで書いて確認しましょう。

① よい関係　a good ＿＿＿＿＿
② 彼のEメールに返事をする　＿＿＿＿＿ to his e-mail
③ 厳しい先生　a ＿＿＿＿＿ teacher
④ 快適な部屋　a ＿＿＿＿＿ room
⑤ 英語の辞書　an English ＿＿＿＿＿
⑥ ビジネスに失敗する　＿＿＿＿＿ in business

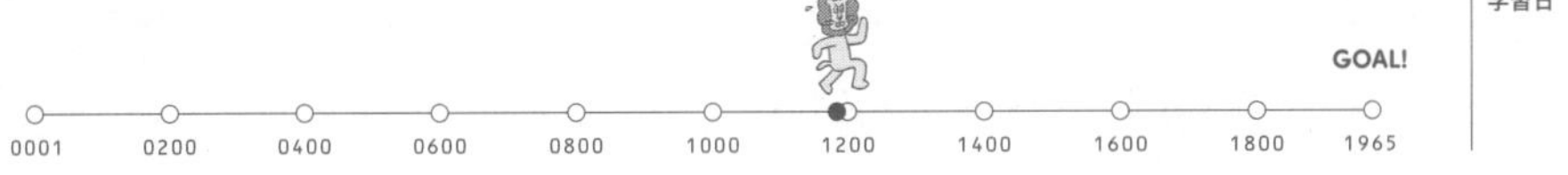

CHECK 3 日本文と同じ意味になるように ＿＿＿ に適する語を書きましょう。

① 太陽が昇る。
The ＿＿＿＿＿＿＿＿ rises.

② 私は歯が痛みます。
I have a ＿＿＿＿＿＿＿＿ .

③ これ以上歩けません。
I can't walk ＿＿＿＿＿＿＿＿ .

④ あなたは毎日海藻を食べるべきです。
You should eat some ＿＿＿＿＿＿＿＿ every day.

⑤ ポールは逆立ちして歩くことができます。
Paul is ＿＿＿＿＿＿＿＿ to walk on his hands.

⑥ ボブは庭で美しいチョウをつかまえました。
Bob caught a beautiful ＿＿＿＿＿＿＿＿ in the garden.

⑦ さまざまな環境にやさしい車が入手できます。
There are various ＿＿＿＿＿＿＿＿ cars available.

⑧ 空のボトルをテーブルの上に置きっぱなしにしないでください。
Don't leave the ＿＿＿＿＿＿＿＿ bottle on the table.

⑨ 速足で歩くことはよい運動になりえます。
Walking fast can be good ＿＿＿＿＿＿＿＿ .

⑩ 私は祖父母といっしょに住んでいます。
I live with my ＿＿＿＿＿＿＿＿ .

解答
CHECK 1 ① remove ② weight ③ tradition ④ attention ⑤ bake ⑥ adult ⑦ brush ⑧ cabbage ⑨ cover ⑩ dirty ⑪ eraser ⑫ selection ⑬ slowly ⑭ supermarket ⑮ healthy
CHECK 2 ① relationship ② reply ③ strict ④ comfortable ⑤ dictionary ⑥ fail
CHECK 3 ① sun ② toothache ③ anymore ④ seaweed ⑤ able ⑥ butterfly ⑦ eco-friendly ⑧ empty ⑨ exercise ⑩ grandparents

039 Let's listen and write!

1185 —— 1216

No.	単語	発音	意味
1185	**instrument**	[ínstrəmənt] インストゥルメント	名 器具，道具
1186	**kid**	[kíd] キッド	名 子ども
1187	**knife**	[náif] ナイフ	名 ナイフ
1188	**laugh**	[lǽf] ラフ	動 笑う
1189	**lend**	[lénd] レンド	動 ～を貸す
1190	**loud**	[láud] ラウド	形 大きな声の
1191	**low**	[lóu] ロウ	形 低い 副 低く
1192	**machine**	[məʃíːn] マシーン	名 機械
1193	**magic**	[mǽdʒik] マヂック	名 手品，魔法
1194	**marathon**	[mǽrəθàn] マラサン	名 マラソン
1195	**matter**	[mǽtər] マタァ	名 事がら
1196	**meal**	[míːl] ミール	名 食事
1197	**medicine**	[médəsn] メドゥスン	名 薬
1198	**million**	[míljən] ミリョン	名 100万 形 100万の
1199	**mind**	[máind] マインド	名 心，精神 動 ～を気にする
1200	**mystery**	[místəri] ミステリィ	名 不可解なこと，謎

No.	単語	発音	書き取り	意味
1201	**nearby**	[níərbái] ニアバイ	nearby	形 近くの 副 近くに[で]
1202	**neck**	[nék] ネック	neck	名 首
1203	**New York**	[n(j)ù: jɔ́:rk] ニュー ヨーク	New York	名 ニューヨーク（市[州]）
1204	**north**	[nɔ́:rθ] ノース	north	名 北 形 北の
1205	**novel**	[návl] ナヴル	novel	名 小説
1206	**online**	[ánláin] アンライン	online	形 オンラインの 副 オンラインで
1207	**order**	[ɔ́:rdər] オーダァ	order	名 命令，順序
1208	**paint**	[péint] ペイント	paint	動 （絵）を描く 名 ペンキ
1209	**passenger**	[pǽsən(d)ʒər] パッセンヂャァ	passenger	名 乗客
1210	**pianist**	[piǽnəst] ピアニスト	pianist	名 ピアニスト
1211	**prefecture**	[prí:fektʃər] プリーフェクチャァ ✓	prefecture	名 県
1212	**prize**	[práiz] プライズ	prize	名 賞
1213	**professional**	[prəféʃənl] プロフェッショヌル	professional	形 プロの
1214	**program**	[próugræm] プロウグラム	program	名 番組，プログラム
1215	**promise**	[práməs] プラミス	promise	名 約束 動 ～を約束する
1216	**proud**	[práud] プラウド	proud	形 誇りに思う

Let's listen and write!

1217 —— 1248

1217 **pumpkin** [pʌ́m(p)kin] パン(プ)キン — pumpkin — 名 カボチャ

1218 **push** [púʃ] プッシュ — push — 動 ～を押す

1219 **radio** [réidiou] レイディオウ — radio — 名 ラジオ

1220 **rainbow** [réinbòu] レインボウ — rainbow — 名 虹

1221 **recommend** [rèkəménd] レコメンド — recommend — 動 ～を勧める

1222 **recycle** [ri:sáikl] リーサイクル — recycle — 動 ～をリサイクルする

1223 **reduce** [ridú:s] リドゥース — reduce — 動 ～を減らす

1224 **restroom** [réstrù:m] レストルーム — restroom — 名 化粧室，洗面所

1225 **ring** [ríŋ] リング — ring — 動 (ベルなどが)鳴る 名 指輪，リング

1226 **roller coaster** [róulər kòustər] ロウラァ コウスタァ — roller coaster — 名 ジェットコースター

1227 **search** [sə́:rtʃ] サ～チ — search — 動 探す 名 調査

1228 **secret** [sí:krət] スィークレット — secret — 名 秘密

1229 **shake** [ʃéik] シェイク — shake — 動 ～を振る，ゆれる

1230 **shelf** [ʃélf] シェルフ — shelf — 名 棚

1231 **sign** [sáin] サイン — sign — 名 標識，看板 動 署名する

1232 **situation** [sìtʃuéiʃən] スィチュエイション — situation — 名 状況，状態

No.	単語	発音	意味
1233	**south**	[sáuθ] サウス	名 南 形 南の
1234	**souvenir**	[sù:vəníər] スーヴェニア	名 みやげ, 記念品
1235	**space**	[spéis] スペイス	名 空間, 宇宙
1236	**Spanish**	[spǽniʃ] スパニッシュ	名 スペイン人, スペイン語 形 スペイン（人[語]）の
1237	**statue**	[stǽtʃu:] スタチュー	名 像
1238	**strange**	[stréin(d)ʒ] ストゥレインヂ	形 奇妙な
1239	**suggest**	[sʌgdʒést] サ(グ)ヂェスト	動 ～を提案する
1240	**surfing**	[sə́:rfiŋ] サ～フィング	名 サーフィン, 波乗り, ネットサーフィン
1241	**taste**	[téist] テイスト	動 味がする
1242	**taxi**	[tǽksi] タクスィ	名 タクシー
1243	**tear**	[tíər] ティア	名 涙
1244	**test**	[tést] テスト	名 試験, テスト 動 ～を試験する
1245	**throw**	[θróu] スロウ	動 ～を投げる
1246	**tie**	[tái] タイ	動 ～を結ぶ 名 ネクタイ, きずな
1247	**trick**	[trík] トゥリック	名 いたずら
1248	**wood**	[wúd] ウッド	名 木材

MAX CHECK !!

1185 — 1248

CHECK 1

1185～1248の英単語を覚えているか確認しましょう。

① ～を貸す

② オンラインの

③ （絵）を描く

④ 県

⑤ 約束

⑥ カボチャ

⑦ ～をリサイクルする

⑧ 手品，魔法

⑨ 命令，順序

⑩ 笑う

⑪ 棚

⑫ 機械

⑬ マラソン

⑭ 心，精神

⑮ 涙

CHECK 2

1185～1248の英単語をフレーズで書いて確認しましょう。

① プロのサッカー選手　a ______ soccer player

② テレビ番組　a TV ______

③ ラジオを聞く　listen to the ______

④ よい映画を勧める　______ a good movie

⑤ 道路標識　a traffic ______

⑥ 新しい計画を提案する　______ a new plan

CHECK 3 | 日本文と同じ意味になるように ＿＿ に適する語を書きましょう。

① どうしたの？(何が問題ですか。)

What's the ＿＿＿＿＿＿＿＿ ?

② 私たちは週末にいっしょに食事をします。

We have a ＿＿＿＿＿＿＿＿ together on the weekend.

③ 1日に3回この薬を飲みなさい。

Take this ＿＿＿＿＿＿＿＿ three times a day.

④ 彼の小説はとてもおもしろいです。

His ＿＿＿＿＿＿＿＿ is very interesting.

⑤ 彼女の夢は有名なピアニストになることです。

Her dream is to be a famous ＿＿＿＿＿＿＿＿ .

⑥ このボタンを押しなさい。

＿＿＿＿＿＿＿＿ this button.

⑦ 電話が鳴っていますよ。

The phone is ＿＿＿＿＿＿＿＿ .

⑧ 状況はよくなっています。

The ＿＿＿＿＿＿＿＿ is getting better.

⑨ その食べものはおいしい味がします。

The food ＿＿＿＿＿＿＿＿ good.

⑩ 私のいすは木でできています。

My chair is made of ＿＿＿＿＿＿＿＿ .

解答
CHECK 1 ①lend ②online ③paint ④prefecture ⑤promise ⑥pumpkin ⑦recycle ⑧magic ⑨order ⑩laugh ⑪shelf ⑫machine ⑬marathon ⑭mind ⑮tear
CHECK 2 ①professional ②program ③radio ④recommend ⑤sign ⑥suggest
CHECK 3 ①matter ②meal ③medicine ④novel ⑤pianist ⑥Push ⑦ringing ⑧situation ⑨tastes ⑩wood

Let's listen and write!

1249 —— 1280

No.	Word	Pronunciation	Trace	Meaning
1249	**worried**	[wə́:rid] ワーリド	worried	形 心配して
1250	**Alaska**	[əlǽskə] アラスカ	Alaska	名 アラスカ（米国北西部の州）
1251	**alive**	[əláiv] アライヴ	alive	形 生きて，生きた状態で
1252	**ancient**	[éinʃənt] エインシェント	ancient	形 古代の
1253	**angle**	[ǽŋgl] アングル	angle	名 角度
1254	**anime**	[ǽnəmei] アニメイ	anime	名（日本の）アニメ
1255	**apologize**	[əpɑ́lədʒàiz] アパロヂャイズ	apologize	動 謝る，わびる
1256	**Arctic**	[ɑ́:rktik] アークティック	Arctic	形 北極の 名（the ～）北極圏
1257	**attracted**	[ətrǽktid] アトゥラクティド	attracted	形 ひきつけられて
1258	**berry**	[béri] ベリィ	berry	名 ベリー，実
1259	**blend**	[blénd] ブレンド	blend	名 混合物，ブレンド 動 ～を混ぜ合わせる
1260	**braille**	[bréil] ブレイル	braille	名 点字
1261	**bump**	[bʌ́mp] バンプ	bump	動 ～にドンとぶつかる
1262	**canal**	[kənǽl] カナル	canal	名 運河，水路
1263	**candle**	[kǽndl] キャンドゥル	candle	名 ろうそく
1264	**career**	[kəríər] カリァ	career	名 経歴，職業

1265	**castle** [kǽsl] キャッスル	名 城
1266	**citizen** [sítizn] スィティズン	名 市民
1267	**conference** [kɑ́nfərəns] カンファレンス	名 会議
1268	**cruise** [krú:z] クルーズ	名 遊覧，クルージング
1269	**deer** [díər] ディア	名 シカ
1270	**disabled** [diséibld] ディセイブルド	形 障がいのある
1271	**downtown** [dáuntáun] ダウンタウン	副 町［都市］の中心街へ［で］ 名 （町の）中心街
1272	**ear** [íər] イア	名 耳
1273	**earn** [ə́:rn] アーン	動 ～をかせぐ
1274	**effectively** [iféktivli] イフェクティヴリィ	副 効果的に
1275	**eventually** [ivén(t)ʃuəli] イヴェンチュアリィ	副 最後には，ようやく
1276	**exhibition** [eksəbíʃən] エクスィビション	名 展示（会）
1277	**facility** [fəsíləti] ファスィリティ	名 （複数形で）施設，設備
1278	**favor** [féivər] フェイヴァ	名 親切心，願い 動 ～に賛成する
1279	**feedback** [fí:dbæk] フィードバック	名 反応，意見，フィードバック
1280	**fossil** [fásl] ファスィル	名 化石

Let's listen and write!

1281 —— 1312

1281 **France** [fræns] フランス　France　名 フランス

1282 **French** [frén(t)ʃ] フレンチ　French　形 フランスの，フランス人[語]の　名 フランス人，フランス語

1283 **general** [dʒénərəl] ヂェネラル　general　形 一般的な，総合的な，全般的な

1284 **glacier** [gléiʃər] グレイシャァ　glacier　名 氷河

1285 **golden** [góuldn] ゴウルドゥン　golden　形 金の，すばらしい

1286 **gondola** [gándələ] ガンドラ　gondola　名 ゴンドラ

1287 **grand** [grǽnd] グランド　grand　形 壮大な，雄大な

1288 **habitat** [hǽbitæt] ハビタット　habitat　名 (動植物の)生息環境，生息地

1289 **handrail** [hǽndrèil] ハンドレイル　handrail　名 手すり

1290 **harmoniously** [hɑːrmóuniəsli] ハーモウニアスリィ　harmoniously　副 調和して

1291 **high school** [hái skùːl] ハイ スクール　high school　名 高校

1292 **hint** [hínt] ヒント　hint　名 ヒント，暗示

1293 **hunting** [hʌ́ntiŋ] ハンティング　hunting　名 狩り

1294 **ill** [íl] イル　ill　形 病気の

1295 **jar** [dʒɑ́ːr] ヂャ～　jar　名 びん，つぼ

1296 **luggage** [lʌ́gidʒ] ラギッジ　luggage　名 手荷物

No.	単語	発音	意味
1297	**marry**	[mǽri] メリィ	動 ～と結婚する
1298	**mayor**	[méiər] メイア	名 市長
1299	**measure**	[méʒər] メジャァ	動 ～を測る
1300	**mechanical**	[məkǽnikl] メキャニカル	形 機械の
1301	**mist**	[míst] ミスト	名 霧
1302	**moreover**	[mɔːróuvər] モーロウヴァ	副 なおそのうえに，さらに
1303	**Mrs.**	[mísiz] ミスィズ	名 ～さん，～先生（結婚している女性に対してつける敬称）
1304	**parade**	[pəréid] パレイド	名 パレード
1305	**photograph**	[fóutəgræ̀f] フォウトグラフ ✓	名 写真
1306	**playful**	[pléifl] プレイフル	形 楽しげな，いたずらっぽい
1307	**powder**	[páudər] パウダァ	名 粉
1308	**preserve**	[prizə́ːrv] プリザ～ヴ	動 ～を保存する，～を保護する
1309	**ramp**	[rǽmp] ランプ	名 斜面，スロープ
1310	**raw**	[rɔ́ː] ロー	形 生の
1311	**recently**	[ríːsntli] リースントリィ	副 最近は
1312	**recognize**	[rékəgnàiz] レコグナイズ ✓	動 ～を認識する

STAGE 2 中2の英単語

MAX CHECK !!

1249 — 1312

CHECK 1

1249～1312の英単語を覚えているか確認しましょう。

① 障がいのある

② 耳

③ 効果的に

④ （複数形で）施設，設備

⑤ 化石

⑥ 生きて，生きた状態で

⑦ ～をかせぐ

⑧ 展示（会）

⑨ ～と結婚する

⑩ 古代の

⑪ 一般的な，総合的な，全般的な

⑫ 市長

⑬ 生の

⑭ 経歴，職業

⑮ シカ

CHECK 2

1249～1312の英単語をフレーズで書いて確認しましょう。

① 自然と調和して生きる　live ______ with nature

② びんのふた　the cap of the ______

③ 運河を建設する　build a ______

④ ろうそくの火を消す　blow out the ______

⑤ 城壁　a ______ wall

⑥ 地球市民として　as a global ______

CHECK 3 日本文と同じ意味になるように ＿＿＿ に適する語を書きましょう。

① 彼らは互いに魅了されていました。

They were ＿＿＿＿＿＿＿＿ to each other.

② タクシーが彼の自転車にぶつかりました。

A taxi ＿＿＿＿＿＿＿＿ his bicycle.

③ 最後には，彼はその試合に勝ちました。

＿＿＿＿＿＿＿＿ he won the game.

④ お願いを聞いてもらえますか。

Can you do me a ＿＿＿＿＿＿＿＿ ?

⑤ 彼は聡明です。さらに，彼は親切です。

He is bright. ＿＿＿＿＿＿＿＿ , he is kind.

⑥ その小さな子どもたちは楽しそうです。

The little children are ＿＿＿＿＿＿＿＿ .

⑦ 彼は私に彼の無礼な振る舞いについて謝罪しました。

He ＿＿＿＿＿＿＿＿ to me for his rude behavior.

⑧ 明日，町の中心街へ買い物に行きましょう。

Let's go shopping ＿＿＿＿＿＿＿＿ tomorrow.

⑨ 彼はテーブルの大きさを測りました。

He ＿＿＿＿＿＿＿＿ the size of the table.

⑩ 私たちは野生の生き物を保護するためにお互いに助け合うべきです。

We should help each other to ＿＿＿＿＿＿＿＿ the wildlife.

解答
CHECK 1 ① disabled ② ear ③ effectively ④ facility ⑤ fossil ⑥ alive ⑦ earn ⑧ exhibition ⑨ marry ⑩ ancient ⑪ general ⑫ mayor ⑬ raw ⑭ career ⑮ deer
CHECK 2 ① harmoniously ② jar ③ canal ④ candle ⑤ castle ⑥ citizen
CHECK 3 ① attracted ② bumped ③ Eventually ④ favor ⑤ Moreover ⑥ playful ⑦ apologized ⑧ downtown ⑨ measured ⑩ preserve

1313 —— 1332

No.	Word	Trace	Meaning
1313	**reservation** [rèzərvéiʃən] レザヴェイション	reservation	名 予約
1314	**sea level** [sí: lèvl] スィー レヴル	sea level	名 海水面，平均海面
1315	**sentence** [séntəns] センテンス	sentence	名 文
1316	**severe** [sivíər] スィヴィア	severe	形 激しい，厳しい
1317	**shadow** [ʃǽdou] シャドウ	shadow	名 影
1318	**sight** [sáit] サイト	sight	名 景色，見ること
1319	**sightseeing** [sáitsì:iŋ] サイトスィーイング	sightseeing	名 観光
1320	**slide** [sláid] スライド	slide	名（映写機の）スライド
1321	**sometime** [sʌ́mtàim] サムタイム	sometime	副 いつか，あるとき
1322	**spice** [spáis] スパイス	spice	名 スパイス
1323	**standard** [stǽndərd] スタンダァド	standard	名 基準
1324	**star** [stá:r] スター	star	名 星，スター［人気者］
1325	**strength** [stréŋ(k)θ] ストゥレン(ク)ス	strength	名 強さ，長所
1326	**trivia** [tríviə] トゥリヴィア	trivia	名 雑学的な知識
1327	**tundra** [tʌ́ndrə] タンドラ	tundra	名 ツンドラ，凍土帯
1328	**tyrannosaurus** [tirǽnəsɔ́:rəs] ティラノソーラス	tyrannosaurus	名 ティラノサウルス

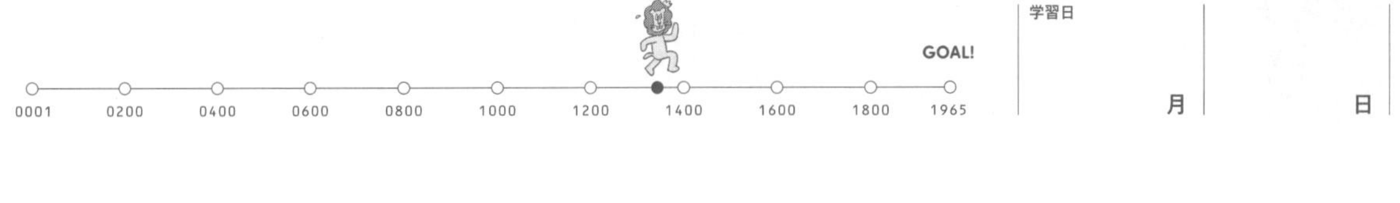

No.	Word	Pronunciation	Practice	Meaning
1329	**universal**	[jù:nəvə́:rsl] ユーニヴァ～サル	universal	形 万人の，世界中の
1330	**weigh**	[wéi] ウェイ	weigh	動 ～の重さがある
1331	**wild**	[wáild] ワイルド	wild	形 野生の
1332	**wilderness**	[wíldərnəs] ウィルダネス	wilderness	名 荒野，荒地

MAX CHECK !!

1313 — 1332

CHECK 1

1313～1332の英単語を覚えているか確認しましょう。

① 万人の，世界中の
② ～の重さがある
③ 荒野，荒地
④ 景色，見ること
⑤ 観光
⑥ ティラノサウルス
⑦ （映写機の）スライド
⑧ スパイス
⑨ 基準
⑩ 星，スター［人気者］
⑪ 雑学的な知識
⑫ ツンドラ，凍土帯
⑬ いつか，あるとき
⑭ 文
⑮ 影

CHECK 2

1313～1332の英単語をフレーズで書いて確認しましょう。

① 予約をする　make a ______
② 海抜10メートル　ten meters above ______
③ その文を読む　read the ______
④ 月の影　the ______ of the moon
⑤ 彼の身体的な強さ　his physical ______
⑥ 野生の鳥　______ birds

CHECK 3 日本文と同じ意味になるように ＿＿＿ に適する語を書きましょう。

① 昨夜激しい頭痛がしました。

I had a ＿＿＿＿＿＿＿＿ headache last night.

② 私たちはいつかそこに行くつもりです。

We will go there ＿＿＿＿＿＿＿＿.

③ 私は体重60キロです。

I ＿＿＿＿＿＿＿＿ 60 kilograms.

④ 私は観光のためにここに来ました。

I came here for ＿＿＿＿＿＿＿＿.

⑤ このエリアの生活水準はかなり高いです。

The ＿＿＿＿＿＿＿＿ of living in this area is quite high.

⑥ その少年は母親を見て泣きやみました。

The boy stopped crying at the ＿＿＿＿＿＿＿＿ of his mother.

⑦ 彼は自分の計画を説明するのにスライドを利用しました。

He used ＿＿＿＿＿＿＿＿ to explain his plan.

⑧ 世界中の映画スターが東京に集まりました。

Movie ＿＿＿＿＿＿＿＿ around the world gathered in Tokyo.

⑨ 彼は私に雑学の本をくれました。

He gave me a book of ＿＿＿＿＿＿＿＿.

⑩ 彼は荒野を歩き回りました。

He walked about in the ＿＿＿＿＿＿＿＿.

解答
CHECK 1 ① universal ② weigh ③ wilderness ④ sight ⑤ sightseeing ⑥ tyrannosaurus ⑦ slide ⑧ spice ⑨ standard ⑩ star ⑪ trivia ⑫ tundra ⑬ sometime ⑭ sentence ⑮ shadow
CHECK 2 ① reservation ② sea level ③ sentence ④ shadow ⑤ strength ⑥ wild
CHECK 3 ① severe ② sometime ③ weigh ④ sightseeing ⑤ standard ⑥ sight ⑦ slides ⑧ stars ⑨ trivia ⑩ wilderness

まとめて覚える英単語

それぞれのテーマの英単語の音を聞き，右の書き込み欄に書いて覚えましょう。

月・季節・イベント・曜日

044

□ 1月	January	
□ 2月	February	
□ 3月	March	
□ 4月	April	
□ 5月	May	
□ 6月	June	
□ 7月	July	
□ 8月	August	
□ 9月	September	
□ 10月	October	
□ 11月	November	
□ 12月	December	
□ 春	spring	
□ 夏	summer	
□ 秋	fall	
□ 冬	winter	

□ 元日	New Year's Day	
□ 大みそか	New Year's Eve	
□ クリスマス	Christmas	
□ 誕生日	birthday	
□ 遠足	excursion	
□ 文化祭	school festival	
□ 運動会	sports day	
□ 夏休み	summer vacation	
□ 日曜日	Sunday	
□ 月曜日	Monday	
□ 火曜日	Tuesday	
□ 水曜日	Wednesday	
□ 木曜日	Thursday	
□ 金曜日	Friday	
□ 土曜日	Saturday	

MAX NOTEBOOK

STAGE 3

中3の英単語

レベル	基本 ～ 発展
単語	1333 → 1965

全国の多くの中学生が，3年生で出会う単語を集めました。中学校で覚えるべき英単語は約1600語とされていますので，このステージの最後まで覚えられたら，標準レベルは既に超えています。最後まであきらめずにがんばって！

045

Let's listen and write!

1333 —— 1364

No.	Word	Pronunciation	Meaning
1333	**actually**	[ǽk(t)ʃuəli] アクチュアリィ	副 実際には
1334	**agree**	[əgríː] アグリー	動 同意する
1335	**AI** (=Artificial Intelligence)	[èiái] エイアイ	名 人工知能
1336	**already**	[ɔːlrédi] オールレディ	副 すでに，もう
1337	**arm**	[áːrm] アーム	名 腕
1338	**audience**	[ɔ́ːdiəns] オーディエンス	名 (集合的に) 聴衆，観客
1339	**beginner**	[bigínər] ビギナァ	名 初心者
1340	**bomb**	[bám] バム	名 爆弾
1341	**bright**	[bráit] ブライト	形 明るい
1342	**control**	[kəntróul] コントゥロウル	名 コントロール，支配 動 ～をコントロールする
1343	**cross**	[krɔ́(ː)s] クロ(ー)ス	動 ～を横断する
1344	**dead**	[déd] デッド	形 死んでいる
1345	**delivery**	[dilívəri] ディリヴァリィ	名 配達，話しぶり
1346	**develop**	[divéləp] ディヴェロップ	動 ～を開発する
1347	**drill**	[dríl] ドゥリル	名 訓練，(工具の)ドリル
1348	**earthquake**	[ɔ́ːrθkwèik] アースクウェイク	名 地震

0001 0200 0400 0600 0800 1000 1200 1400 1600 1800 1965 GOAL!

学習日 月 日

No.	単語	発音	意味
1349	**effective**	[iféktiv] イフェクティヴ	形 効果的な
1350	**especially**	[ispéʃəli] イスペシャリィ	副 特別に
1351	**ever**	[évər] エヴァ	副 (疑問文で) かつて
1352	**fight**	[fáit] ファイト	動 戦う 名 戦い
1353	**fold**	[fóuld] フォウルド	動 ～を折りたたむ
1354	**health**	[hélθ] ヘルス	名 健康
1355	**human**	[hjú:mən] ヒューマン	名 人間 形 人間の
1356	**imagine**	[imǽdʒin] イマヂン	動 ～を想像する
1357	**instead**	[instéd] インステッド	副 代わりに
1358	**let**	[lét] レット	動 ～させる
1359	**mirror**	[mírər] ミラァ	名 鏡
1360	**movement**	[mú:vmənt] ムーヴメント	名 動き，運動
1361	**opinion**	[əpínjən] オピニョン	名 意見
1362	**powerful**	[páuərfl] パウアフル	形 強力な
1363	**reach**	[rí:tʃ] リーチ	動 ～に到着する
1364	**receive**	[risí:v] リスィーヴ	動 ～を受け取る

1365 —— 1396

No.	単語	発音	書き取り	意味
1365	**report**	[ripɔ́ːrt] リポート	report	名 報告 動 ～を報告する，報じる
1366	**researcher**	[risə́ːrtʃər] リサ～チャァ	researcher	名 研究者
1367	**since**	[síns] スィンス	since	前 ～以来 接 ～して以来
1368	**sky**	[skái] スカイ	sky	名 (the ～) 空
1369	**son**	[sʌ́n] サン	son	名 息子
1370	**successful**	[səksésfl] サクセスフル	successful	形 成功している
1371	**support**	[səpɔ́ːrt] サポート	support	動 ～を支援する，～を支持する 名 支援
1372	**though**	[ðóu] ゾウ	though	接 ～だけれども
1373	**tournament**	[túərnəmənt] トゥアナメント	tournament	名 (競技の) トーナメント
1374	**trust**	[trʌ́st] トゥラスト	trust	動 ～を信頼する，信用する
1375	**until**	[əntíl] アンティル	until	前 ～まで (ずっと) 接 ～するまで
1376	**visitor**	[vízətər] ヴィズィタァ	visitor	名 訪問者
1377	**weak**	[wíːk] ウィーク	weak	形 弱い
1378	**west**	[wést] ウェスト	west	名 西 形 西の
1379	**while**	[(h)wáil] (フ)ワイル	while	接 ～している間，～の一方で
1380	**wide**	[wáid] ワイド	wide	形 広い

No.	単語	発音	意味
1381	**wind**	[wínd] ウィンド	名 風
1382	**yet**	[jét] イェット	副 (疑問文で)もう,(否定文で)まだ
1383	**accept**	[əksépt] アクセプト	動 ～を受け入れる,～を認める
1384	**affect**	[əfékt] アフェクト	動 ～に影響を与える
1385	**amount**	[əmáunt] アマウント	名 量
1386	**announcement**	[ənáunsmənt] アナウンスメント	名 アナウンス,発表
1387	**battery**	[bǽtəri] バタリィ	名 電池,バッテリー
1388	**beginning**	[bigíniŋ] ビギニング	名 始まり
1389	**below**	[bilóu] ビロウ	前 ～の下に
1390	**billion**	[bíljən] ビリョン	名 10億 形 10億の
1391	**born**	[bɔ́ːrn] ボーン	動 (be born の形で)生まれる
1392	**brain**	[bréin] ブレイン	名 頭脳
1393	**building**	[bíldiŋ] ビルディング	名 建物
1394	**cancer**	[kǽnsər] キャンサァ	名 がん
1395	**challenge**	[tʃǽlindʒ] チャリンヂ	名 挑戦 動 (人)に挑む
1396	**charge**	[tʃáːrdʒ] チャージ	動 ～を充電する,～を請求する 名 使用料

MAX CHECK !!

1333 — 1396

CHECK 1

1333～1396 の英単語を覚えているか確認しましょう。

① 動き，運動

② 同意する

③ 報告

④ (the ～) 空

⑤ 成功している

⑥ 腕

⑦ 訪問者

⑧ ～を開発する

⑨ 初心者

⑩ 意見

⑪ 配達，話しぶり

⑫ 息子

⑬ 戦う

⑭ 10億

⑮ (be ～で) 生まれる

CHECK 2

1333～1396 の英単語をフレーズで書いて確認しましょう。

① 大観衆　a large ＿＿＿＿

② 支配下で　under ＿＿＿＿

③ 大きな地震　a big ＿＿＿＿

④ 力のない声で　in a ＿＿＿＿ voice

⑤ 強力な機械　a ＿＿＿＿ machine

⑥ 人間の脳　the human ＿＿＿＿

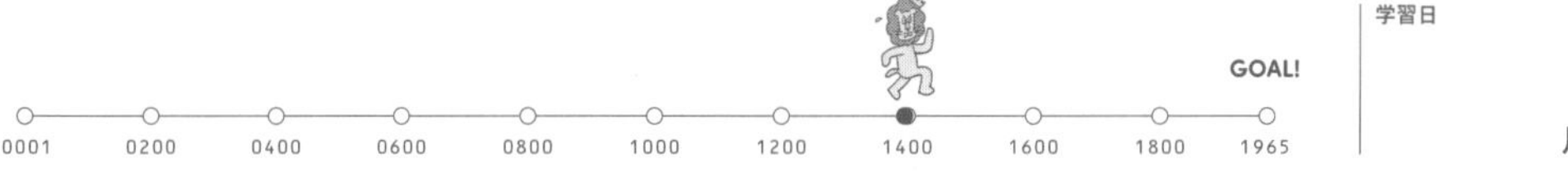

CHECK 3 日本文と同じ意味になるように ＿＿ に適する語を書きましょう。

① 実際には彼らは親切です。

＿＿＿＿＿＿ they are kind.

② 私はすでにその本を読み終えました。

I have ＿＿＿＿＿＿ finished reading the book.

③ その兵隊は死んでいました。

The soldier was ＿＿＿＿＿＿ .

④ 彼女は特に英語の授業が好きです。

She ＿＿＿＿＿＿ likes her English class.

⑤ あなたはかつてアメリカに行ったことがありますか。

Have you ＿＿＿＿＿＿ been to America?

⑥ 紙を4つに折りたたんでください。

＿＿＿＿＿＿ the paper in four, please.

⑦ 考えてもみろよ！

Just ＿＿＿＿＿＿ !

⑧ 私は2015年から彼女を知っています。

I have known her ＿＿＿＿＿＿ 2015.

⑨ 彼を信用するな。

Don't ＿＿＿＿＿＿ him.

⑩ 明日まで待ってください。

Please wait ＿＿＿＿＿＿ tomorrow.

解答
CHECK 1 ① movement ② agree ③ report ④ sky ⑤ successful ⑥ arm ⑦ visitor ⑧ develop ⑨ beginner ⑩ opinion ⑪ delivery ⑫ son ⑬ fight ⑭ billion ⑮ born
CHECK 2 ① audience ② control ③ earthquake ④ weak ⑤ powerful ⑥ brain
CHECK 3 ① Actually ② already ③ dead ④ especially ⑤ ever ⑥ Fold ⑦ imagine ⑧ since ⑨ trust ⑩ until

047

Let's listen and write!

1397 —— 1428

1397	**cheap** [tʃíːp] チープ	cheap			形 安い
1398	**convenient** [kənvíːniənt] コンヴィーニエント	convenient			形 便利な
1399	**courage** [kə́ːridʒ] カ～リッヂ	courage			名 勇気
1400	**danger** [déindʒər] デインヂャァ	danger			名 危険性
1401	**depend** [dipénd] ディペンド	depend			動 頼る
1402	**difference** [dífərəns] ディファレンス	difference			名 違い
1403	**encourage** [enkə́ːridʒ] インカ～リッヂ	encourage			動 ～をはげます
1404	**energy** [énərdʒi] エナヂィ	energy			名 エネルギー
1405	**exchange** [ikstʃéindʒ] イクスチェインヂ	exchange			動 ～を交換する 名 交換
1406	**focus** [fóukəs] フォウカス	focus			動 (注意・精神など) を集中させる 名 焦点
1407	**freely** [fríːli] フリーリィ	freely			副 自由に
1408	**government** [gʌ́və(rn)mənt] ガヴァ(ン)メント	government			名 政府，政治
1409	**graduation** [grædʒuéiʃən] グラヂュエイション	graduation			名 卒業
1410	**Hawaii** [həwɑ́ːiː] ハワーイー	Hawaii			名 ハワイ
1411	**increase** [動 inkríːs 名 ínkriːs] インクリース，インクリース	increase			動 増える，～を増やす 名 増加
1412	**instruction** [instrʌ́kʃən] インストゥラクション	instruction			名 指示

1413	**international**	[ìntərnǽʃənl]	インタァナショヌル	形 国際的な
1414	**interview**	[íntərvjùː]	インタヴュー	名 インタビュー 動 ～にインタビューする
1415	**inventor**	[invéntər]	インヴェンタァ	名 発明家
1416	**lead**	[líːd]	リード	動 ～を導く
1417	**news**	[njúːz]	ニューズ	名 ニュース
1418	**ocean**	[óuʃən]	オウシャン	名 大洋
1419	**parking lot**	[pɑ́ːrkiŋ lɑ̀t]	パーキング ラット	名（the ～）屋外駐車場
1420	**peaceful**	[píːsfl]	ピースフル	形 平和な
1421	**population**	[pɑpjəléiʃən]	パピュレイション	名 人口
1422	**possible**	[pɑ́səbl]	パスィブル	形 可能性のある
1423	**president**	[prézədənt]	プレズィデント	名 社長，（the ～）大統領
1424	**protect**	[prətékt]	プロテクト	動 ～を保護する
1425	**quite**	[kwáit]	クワイト	副 かなり，まったく
1426	**road**	[róud]	ロウド	名 道
1427	**rose**	[róuz]	ロウズ	名 バラ
1428	**scared**	[skéərd]	スケアド	形（人が）怖がった

1429 —— 1460

No.	Word	Pronunciation	Practice	Meaning
1429	**seem**	[síːm] スィーム	seem	動 ～に見える
1430	**service**	[sə́ːrvəs] サ～ヴィス	service	名 サービス，奉仕
1431	**smartphone**	[smɑ́ːrtfòun] スマートフォウン	smartphone	名 スマートフォン
1432	**species**	[spíːʃi(ː)z] スピーシ(ー)ズ	species	名 (生物学の)種（しゅ）
1433	**speed**	[spíːd] スピード	speed	名 スピード
1434	**steam**	[stíːm] スティーム	steam	動 ～を蒸す，蒸気を出す 名 水蒸気
1435	**super**	[súːpər] スーパァ	super	形 すばらしい 副 とても，すごく
1436	**survive**	[sərváiv] サヴァイヴ	survive	動 生き残る，～を生き延びる
1437	**title**	[táitl] タイトゥル	title	名 題名，タイトル
1438	**traveler**	[trǽvələr] トゥラヴ(ェ)ラァ	traveler	名 旅行者，旅人
1439	**unfair**	[ʌnféər] アンフェア	unfair	形 不公平な
1440	**variety**	[vəráiəti] ヴァライアティ	variety	名 多様性
1441	**waste**	[wéist] ウェイスト	waste	動 ～をむだにする
1442	**winner**	[wínər] ウィナァ	winner	名 勝利者
1443	**accident**	[ǽksədənt] アクスィデント	accident	名 事故
1444	**arrest**	[ərést] アレスト	arrest	動 ～を逮捕する 名 逮捕

No.	Word	Pronunciation	Meaning
1445	**artistic**	[ɑːrtístik] アーティスティック	形 芸術的な，美しい
1446	**atomic**	[ətámik] アタミック	形 原子の
1447	**attend**	[əténd] アテンド	動 ～に出席する
1448	**backpack**	[bǽkpæ̀k] バックパック	名 バックパック
1449	**baker**	[béikər] ベイカァ	名 パン職人
1450	**ban**	[bǽn] バン	動 ～を禁止する
1451	**behavior**	[bihéivjər] ビヘイヴャ	名 ふるまい，行動
1452	**border**	[bɔ́ːrdər] ボーダァ	名 境界線
1453	**campaign**	[kæmpéin] キャンペイン	名 キャンペーン
1454	**chance**	[tʃǽns] チャンス	名 機会
1455	**chemical**	[kémikl] ケミカル	形 化学上の
1456	**circle**	[sə́ːrkl] サ～クル	名 円
1457	**climate**	[kláimət] クライメット	名 気候
1458	**cloth**	[klɔ́(ː)θ] クロ(ー)ス	名 布
1459	**countryside**	[kʌ́ntrisàid] カントゥリサイド	名 地方，田舎
1460	**dam**	[dǽm] ダム	名 ダム

MAX CHECK !!

1397 — 1460

CHECK 1

1397～1460の英単語を覚えているか確認しましょう。

① 可能性のある

② ～を保護する

③ 違い

④ ～をはげます

⑤ ～をむだにする

⑥ (生物学の) 種(しゅ)

⑦ ～を蒸す，蒸気を出す

⑧ 生き残る，～を生き延びる

⑨ (注意・精神など) を集中させる

⑩ 政府，政治

⑪ インタビュー

⑫ 国際的な

⑬ ～を導く

⑭ 人口

⑮ 平和な

CHECK 2

1397～1460の英単語をフレーズで書いて確認しましょう。

① 便利な道具	a ＿＿＿＿ tool
② 危険な状態にある	be in ＿＿＿＿
③ 勇気のある人	a man of ＿＿＿＿
④ 指示に従う	follow the ＿＿＿＿
⑤ その映画の題名	the ＿＿＿＿ of the movie
⑥ 自動車事故	a car ＿＿＿＿

CHECK 3 日本文と同じ意味になるように ＿＿ に適する語を書きましょう。

① そのかばんはとても安いです。

The bag is very ＿＿＿＿＿＿.

② トーマス・エジソンは偉大な発明家でした。

Thomas Edison was a great ＿＿＿＿＿＿.

③ 彼らは昨日会議に出席しました。

They ＿＿＿＿＿＿ the meeting yesterday.

④ 卒業式は体育館で行われました。

The ＿＿＿＿＿＿ ceremony was held in the gym.

⑤ 最新のニュースをチェックするために私はこのアプリを使っています。

I use this app to check the latest ＿＿＿＿＿＿.

⑥ あなたの作文にはかなりの数の間違いがあります。

There are ＿＿＿＿＿＿ a few mistakes in your essay.

⑦ あの犬は人なつっこそうに見えます。

The dog ＿＿＿＿＿＿ friendly.

⑧ この問題について多様な意見を聞けたらと思います。

I'd like to hear a ＿＿＿＿＿＿ of opinions on this matter.

⑨ 彼らはいじめ防止運動を始める予定です。

They are planning to start a ＿＿＿＿＿＿ against bullying.

⑩ 私たちは今日，気候変動について話をしました。

We talked about ＿＿＿＿＿＿ change today.

解答 CHECK 1 ① possible ② protect ③ difference ④ encourage ⑤ waste ⑥ species ⑦ steam ⑧ survive ⑨ focus ⑩ government ⑪ interview ⑫ international ⑬ lead ⑭ population ⑮ peaceful
CHECK 2 ① convenient ② danger ③ courage ④ instructions ⑤ title ⑥ accident
CHECK 3 ① cheap ② inventor ③ attended ④ graduation ⑤ news ⑥ quite ⑦ seems ⑧ variety ⑨ campaign ⑩ climate

049 Let's listen and write!

1461 —— 1492

No.	単語	発音	意味
1461	**dark**	[dá:rk] ダーク	形 暗い
1462	**death**	[déθ] デス	名 死
1463	**debate**	[dibéit] ディベイト	動 (問題など)を討論する 名 討論, ディベート
1464	**decision**	[disíʒən] ディスィジョン	名 決定
1465	**deliver**	[dilívər] ディリヴァ	動 ～を配達する
1466	**destroy**	[distrɔ́i] ディストゥロイ	動 ～を破壊する
1467	**device**	[diváis] ディヴァイス	名 装置
1468	**disagree**	[disəgrí:] ディサグリー	動 意見が違う
1469	**disaster**	[dizǽstər] ディザスタァ	名 (大)災害
1470	**discovery**	[diskʌ́vəri] ディスカヴァリィ	名 発見
1471	**Dr.**	[dáktər] ダクタァ	名 ～博士 (doctorの略)
1472	**electricity**	[ilektrísəti] イレクトゥリスィティ	名 電気
1473	**electronic**	[ilèktránik] エレクトラニック	形 電子の
1474	**emergency**	[imə́:rdʒənsi] イマ～ヂェンスィ	名 緊急
1475	**endangered**	[indéindʒərd] インデインヂャァド	形 絶滅の危機にさらされている
1476	**ending**	[éndiŋ] エンディング	名 終わり, 結末

No.	単語	発音	意味
1477	**enter**	[éntər] エンタァ	動 ～に入る
1478	**evacuation**	[ivækjuéiʃən] イヴァキュエイション	名 避難
1479	**excellent**	[éksələnt] エクセレント	形 すばらしい
1480	**feather**	[féðər] フェザァ	名 羽
1481	**fill**	[fíl] フィル	動 ～を満たす
1482	**foreigner**	[fɔ́(:)rənər] フォ(ー)リナァ	名 外国人
1483	**friendship**	[frén(d)ʃip] フレン(ド)シップ	名 友情
1484	**globe**	[glóub] グロウブ	名 (the ～) 地球
1485	**goodbye**	[gu(d)bái] グッ(ド)バイ	間 名 さようなら
1486	**grade**	[gréid] グレイド	名 学年
1487	**graduate**	[grǽdʒuèit] グラヂュエイト	動 卒業する
1488	**greatly**	[gréitli] グレイトゥリィ	副 大いに，非常に
1489	**handle**	[hǽndl] ハンドゥル	名 取っ手，柄(え) 動 ～を扱う
1490	**hate**	[héit] ヘイト	動 ～を憎む
1491	**image**	[ímidʒ] イミッヂ	名 画像，映像
1492	**include**	[inklú:d] インクルード	動 ～を含む

Let's listen and write!

1493 —— 1524

No.	Word	Pronunciation	Meaning
1493	**Indian**	[índiən] インディアン	形 インドの，インド人の 名 インド人
1494	**injure**	[índʒər] インヂャ ✓	動 ～を傷つける
1495	**inner**	[ínər] イナァ	形 内側の
1496	**interest**	[íntərəst] インタレスト	名 興味，関心 動 ～に興味を起こさせる
1497	**issue**	[íʃuː] イシュー	名 問題点 動 ～を発行する
1498	**judge**	[dʒʌ́dʒ] ヂャッヂ	動 ～を判断する 名 裁判官
1499	**lamp**	[lǽmp] ランプ	名 ランプ
1500	**latest**	[léitist] レイテスト	形 最新の
1501	**law**	[lɔ́ː] ロー	名 法律
1502	**less**	[lés] レス	形 より少ない（little の比較級） 副 より～ない（形容詞や副詞の前に置いて比較級を作る）
1503	**limited**	[límitid] リミティド	形 制限された
1504	**liter**	[líːtər] リータァ	名 リットル
1505	**loss**	[lɔ́(ː)s] ロ(ー)ス	名 失うこと
1506	**might**	[máit] マイト	助 ～かもしれない
1507	**narrow**	[nǽrou] ナロウ	形 狭い
1508	**negative**	[négətiv] ネガティヴ	形 消極的な，否定的な

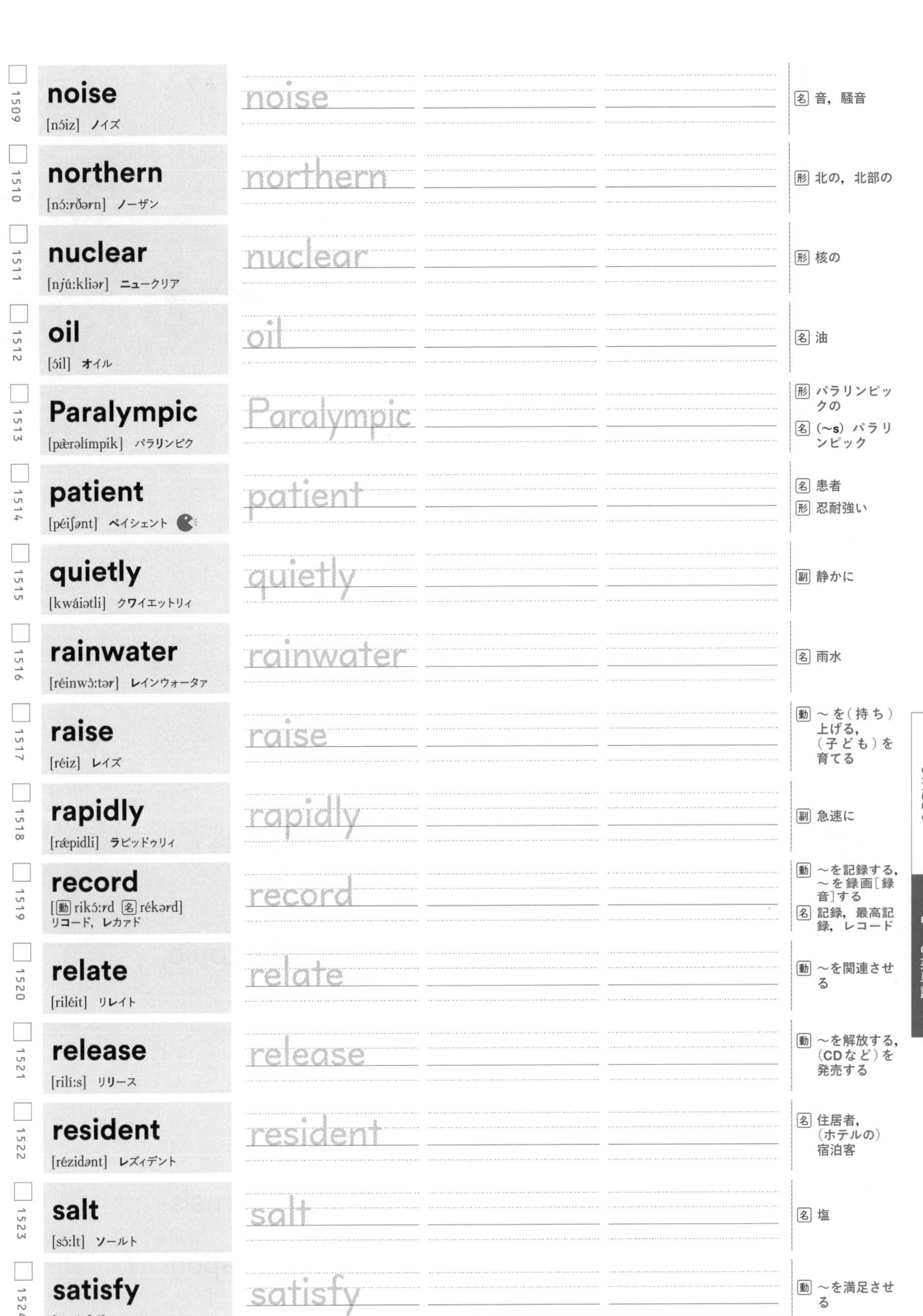

No.	単語	発音	意味
1509	**noise**	[nɔ́iz] ノイズ	名 音，騒音
1510	**northern**	[nɔ́:rðərn] ノーザン	形 北の，北部の
1511	**nuclear**	[njú:kliər] ニュークリア	形 核の
1512	**oil**	[ɔ́il] オイル	名 油
1513	**Paralympic**	[pæ̀rəlímpik] パラリンピク	形 パラリンピックの 名 (～s) パラリンピック
1514	**patient**	[péiʃənt] ペイシェント	名 患者 形 忍耐強い
1515	**quietly**	[kwáiətli] クワイエットリィ	副 静かに
1516	**rainwater**	[réinwɔ̀:tər] レインウォータア	名 雨水
1517	**raise**	[réiz] レイズ	動 ～を(持ち)上げる，(子ども)を育てる
1518	**rapidly**	[rǽpidli] ラピッドゥリィ	副 急速に
1519	**record**	[動 rikɔ́:rd 名 rékərd] リコード，レカァド	動 ～を記録する，～を録画[録音]する 名 記録，最高記録，レコード
1520	**relate**	[riléit] リレイト	動 ～を関連させる
1521	**release**	[rilí:s] リリース	動 ～を解放する，(CDなど)を発売する
1522	**resident**	[rézidənt] レズィデント	名 住居者，(ホテルの)宿泊客
1523	**salt**	[sɔ́:lt] ソールト	名 塩
1524	**satisfy**	[sǽtisfài] サティスファイ	動 ～を満足させる

MAX CHECK !!

1461 — 1524

CHECK 1

1461 ～ 1524 の英単語を覚えているか確認しましょう。

① 暗い

② 死

③ 法律

④ 友情

⑤ 消極的な，否定的な

⑥ 北の，北部の

⑦ ～を憎む

⑧ ～を記録する，～を録画［録音］する

⑨ 外国人

⑩ ～を判断する

⑪ 学年

⑫ 狭い

⑬ 音，騒音

⑭ 油

⑮ ～を満足させる

CHECK 2

1461 ～ 1524 の英単語をフレーズで書いて確認しましょう。

① そのトピックについて討論する　＿＿＿＿ the topic

② 決定する　make a ＿＿＿＿

③ 自然災害　a natural ＿＿＿＿

④ 緊急時に　in an ＿＿＿＿

⑤ 絶滅の危機にさらされている動物　＿＿＿＿ animals

⑥ 核兵器　a ＿＿＿＿ weapon

CHECK 3

日本文と同じ意味になるように ＿＿＿ に適する語を書きましょう。

① 彼は東京大学を卒業しました。

He ＿＿＿＿＿＿ from the University of Tokyo.

② 化石燃料は限りがあります。

Fossil fuels are ＿＿＿＿＿＿ .

③ おくやみ申し上げます。（あなたが失ったことに対して気の毒に思います。）

I'm very sorry for your ＿＿＿＿＿＿ .

④ まもなく雨が降るかもしれません。

It ＿＿＿＿＿＿ rain soon.

⑤ その病院にはたくさんの患者がいます。

There are many ＿＿＿＿＿＿ in the hospital.

⑥ あの日は静かに始まりました。

That day started ＿＿＿＿＿＿ .

⑦ 彼は手を上げました。

He ＿＿＿＿＿＿ his hand.

⑧ そのニュースは急速に広がりました。

The news spread ＿＿＿＿＿＿ .

⑨ 塩を取ってください。

Please pass me the ＿＿＿＿＿＿ .

⑩ この車はあれよりも高価ではありません。

This car is ＿＿＿＿＿＿ expensive than that one.

解答
CHECK 1 ① dark ② death ③ law ④ friendship ⑤ negative ⑥ northern ⑦ hate ⑧ record ⑨ foreigner ⑩ judge ⑪ grade ⑫ narrow ⑬ noise ⑭ oil ⑮ satisfy
CHECK 2 ① debate ② decision ③ disaster ④ emergency ⑤ endangered ⑥ nuclear
CHECK 3 ① graduated ② limited ③ loss ④ might ⑤ patients ⑥ quietly ⑦ raised ⑧ rapidly ⑨ salt ⑩ less

Let's listen and write!

1525 —— 1556

No.	Word	Pronunciation	Meaning
1525	**shelter**	[ʃéltər] シェルタァ	名 避難所，保護，住まい
1526	**simple**	[símpl] スィンプル	形 単純な
1527	**skin**	[skín] スキン	名 皮ふ，肌
1528	**smell**	[smél] スメル	動 においがする
1529	**solution**	[səlú:ʃən] ソルーション	名 解決策
1530	**somehow**	[sʌ́mhau] サムハウ	副 どういうわけか，どうにかして
1531	**somewhere**	[sʌ́m(h)weər] サム(フ)ウェア	副 どこかへ
1532	**South Africa**	[sáuθ ǽfrikə] サウス アフリカ	名 南アフリカ共和国
1533	**stretch**	[strétʃ] ストゥレッチ	動 ～を伸ばす
1534	**surprisingly**	[sərpráiziŋli] サプライズィングリィ	副 驚いたことには
1535	**surround**	[səráund] サラウンド	動 ～を囲む
1536	**survey**	[動 sərvéi 名 sə́rvei] サ～ヴェイ，サ～ヴェイ	名 調査 動 ～を調査する
1537	**system**	[sístəm] スィステム	名 制度，体系
1538	**text**	[tékst] テクスト	動 携帯電話などでメッセージを送る 名 文書，テキスト
1539	**Thailand**	[táilænd] タイランド	名 タイ
1540	**tonight**	[tənáit] トゥナイト	副 今晩は 名 今晩

No.	単語	発音	意味
1541	**toy**	[tɔ́i] トイ	名 おもちゃ
1542	**triathlon**	[traiǽθlɑn] トゥライアスロン	名 トライアスロン
1543	**used**	[jú:zd] ユーズド	形 中古の
1544	**valuable**	[vǽljəbl] ヴァリュアブル	形 価値の高い，貴重な
1545	**victim**	[víktim] ヴィクティム	名 被害者
1546	**whole**	[hóul] ホウル	形 全体の
1547	**agony**	[ǽgəni] アガニィ	名 激しい痛み
1548	**amaze**	[əméiz] アメイズ	動 ～をびっくりさせる
1549	**animation**	[ænəméiʃən] アニメイション	名 アニメーション
1550	**announce**	[ənáuns] アナウンス	動 ～を告知する
1551	**apply**	[əplái] アプライ	動 当てはまる
1552	**athletics**	[æθlétiks] アスレティックス	名 陸上競技
1553	**besides**	[bisáidz] ビサイヅ	副 そのうえ，さらに
1554	**bother**	[bɑ́ðər] バザァ	動 ～を悩ませる
1555	**breed**	[brí:d] ブリード	動 ～を飼育する，繁殖する
1556	**burden**	[bə́:rdn] バ～ドン	名 負担，重荷

1557 **capture** [kǽp(t)ʃər] キャプチャァ — capture — 動 ～を捕まえる

1558 **carbon dioxide** [kɑ́:rbən daiɑ́ksaid] カーボン ダイアクサイド — carbon dioxide — 名 二酸化炭素（= CO_2）

1559 **cheetah** [tʃí:tə] チータ — cheetah — 名 チーター

1560 **coal** [kóul] コウル — coal — 名 石炭

1561 **colony** [kɑ́ləni] カロニィ — colony — 名 植民地

1562 **consumer** [kəns(j)ú:mər] コンシューマァ — consumer — 名 消費者

1563 **curious** [kjúəriəs] キュアリアス — curious — 形 好奇心の強い

1564 **definitely** [défənətli] デフィニットリィ — definitely — 副 確実に，はっきりと

1565 **Denmark** [dénmɑ:rk] デンマーク — Denmark — 名 デンマーク

1566 **development** [divéləpmənt] ディヴェロップメント — development — 名 開発

1567 **discrimination** [diskrìmənéiʃən] ディスクリミネイション — discrimination — 名 差別

1568 **domestic** [dəméstik] ドメスティック — domestic — 形 国内の

1569 **donate** [dóuneit] ドウネイト — donate — 動 ～を寄付する

1570 **dot** [dɑ́t] ダット — dot — 名 点，小数点

1571 **ecosystem** [ékousìstəm] エコウシステム — ecosystem — 名 生態系

1572 **employee** [emplɔ́i:] エンプロイー — employee — 名 従業員

0001 0200 0400 0600 0800 1000 1200 1400 1600 1800 1965 GOAL!

学習日 月 日

No.	Word	Pronunciation	Meaning
1573	**era**	[í:rə] イーラ	名 時代
1574	**establish**	[istǽbliʃ] イスタブリッシュ	動 ～を設立する
1575	**exception**	[iksépʃən] イクセプション	名 例外
1576	**extend**	[iksténd] イクステンド	動 ～を広げる，延ばす
1577	**extinction**	[ikstíŋkʃən] イクスティンクション	名 絶滅
1578	**extinguisher**	[ikstíŋgwiʃər] イクスティングウィシャ	名 消火器
1579	**follower**	[fálouər] ファロウワァ	名 支持者，信奉者
1580	**foolish**	[fú:liʃ] フーリッシュ	形 愚かな
1581	**fortunately**	[fɔ́:rtʃənətli] フォーチュネットリィ	副 幸運にも
1582	**fried chicken**	[fráid tʃíkin] フライドゥ チキン	名 フライドチキン
1583	**functional**	[fʌ́ŋ(k)ʃənl] ファンクショナル	形 実用的な
1584	**garage**	[gərá:dʒ] ガラーヂ	名 ガレージ，（自動車の）車庫
1585	**global warming**	[glóubl wɔ́:rmiŋ] グロウバル ウォーミング	名 地球温暖化
1586	**growth**	[gróuθ] グロウス	名 成長
1587	**heat**	[hí:t] ヒート	名 熱
1588	**hopeful**	[hóupfl] ホウプフル	形 望みを抱いている，有望な

STAGE 3

中3の英単語

MAX CHECK !!

1525 — 1588

CHECK 1

1525～1588 の英単語を覚えているか確認しましょう。

① 皮ふ，肌

② 解決策

③ ～を悩ませる

④ 負担，重荷

⑤ ～を囲む

⑥ 石炭

⑦ 消費者

⑧ 中古の

⑨ おもちゃ

⑩ 驚いたことには

⑪ 植民地

⑫ 好奇心の強い

⑬ 開発

⑭ 価値の高い，貴重な

⑮ 絶滅

CHECK 2

1525～1588 の英単語をフレーズで書いて確認しましょう。

① 単純な質問　＿＿＿＿ questions

② 彼に携帯電話でメッセージを送る　＿＿＿＿ him

③ 自動車事故の犠牲者　a ＿＿＿＿ of a car accident

④ 全世界　the ＿＿＿＿ world

⑤ 海洋生態系　the marine ＿＿＿＿

⑥ 人種差別　racial ＿＿＿＿

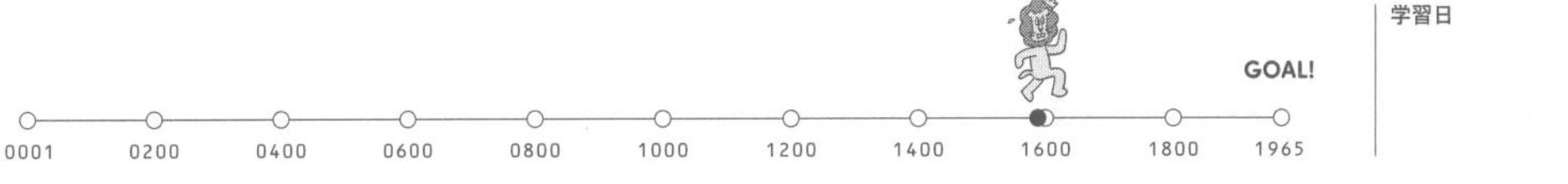

学習日 月 日

CHECK 3 日本文と同じ意味になるように ____ に適する語を書きましょう。

① このスープはいいにおいがします。

This soup ____________ good.

② どういうわけか私はそれができません。

____________, I can't do that.

③ 彼はどこかへ行きました。

He went ____________.

④ 今晩，外食しませんか。

Shall we eat out ____________?

⑤ 私はそのアイデアにははっきりと反対します。

I am ____________ against the idea.

⑥ 水泳の前に腕と脚を伸ばしてください。

____________ your arms and legs before swimming.

⑦ 日本の郵便制度は2007年に変わりました。

The postal ____________ in Japan changed in 2007.

⑧ どちらがあなたに当てはまりますか。

Which ____________ to you?

⑨ すべての来訪者にお金をいくらか寄付してくださるようお願いしています。

We ask all visitors to ____________ some money.

⑩ 地球温暖化の影響は深刻です。

The impact of ____________ ____________ is serious.

解答
CHECK 1 ①skin ②solution ③bother ④burden ⑤surround ⑥coal ⑦consumer ⑧used ⑨toy ⑩surprisingly ⑪colony ⑫curious ⑬development ⑭valuable ⑮extinction
CHECK 2 ①simple ②text ③victim ④whole ⑤ecosystem ⑥discrimination
CHECK 3 ①smells ②Somehow ③somewhere ④tonight ⑤definitely ⑥Stretch ⑦system ⑧applies ⑨donate ⑩global warming

053

Let's listen and write!

1589 —— 1620

No.	Word	Pronunciation	Meaning
1589	**horizon**	[həráizn] ホライズン	名 (the ～) 地平線
1590	**human being**	[hjúːmən bíːiŋ] ヒューマン ビーイング	名 人間
1591	**Iceland**	[áislənd] アイスランド	名 アイスランド（北大西洋の共和国）
1592	**illegal**	[ilíːgl] イリーガル	形 違法の
1593	**illiterate**	[ilítərət] イリタレト	形 読み書きができない
1594	**import**	[動 impɔ́ːrt 名 ímpɔːrt] インポート，インポート	動 ～を輸入する 名 輸入
1595	**impossible**	[impɑ́səbl] インパッスィブル	形 不可能な
1596	**independence**	[indipéndəns] インディペンデンス	名 独立，自立
1597	**interdependent**	[ìntəːrdipéndənt] インタァディペンデント	形 相互依存の
1598	**kit**	[kít] キット	名 道具一式
1599	**legacy**	[légəsi] レガスィ	名 （遺言によって譲られる）遺産
1600	**link**	[líŋk] リンク	名 関連，つながり
1601	**lullaby**	[lʌ́ləbai] ララバイ	名 子守歌
1602	**memorial**	[məmɔ́ːriəl] メモーリアル	名 記念碑，記念物
1603	**metal**	[métl] メトゥル	名 金属
1604	**mining**	[máiniŋ] マイニング	名 採鉱（業）

No.	単語	発音	意味
1605	**natural gas**	[nǽtʃərəl gǽs] ナチュラル ギャス	名 天然ガス
1606	**ordinary**	[ɔ́ːrdənèri] オーディネリィ	形 通常の
1607	**protest**	[動 prətést 名 próutest] プロテスト，プロウテスト	動 抗議する 名 抗議（運動）
1608	**pursue**	[pərsjúː] パァシュー	動 ～を追求する
1609	**quarter**	[kwɔ́ːrtər] クウォータァ	名 4分の1
1610	**radiation**	[rèidiéiʃən] レイディエイション	名 放射線
1611	**relation**	[riléiʃən] リレイション	名 関係
1612	**relatively**	[rélətivli] レラティヴリィ	副 比較的
1613	**renewable**	[rinjúːəbl] リニューアブル	形 再生できる
1614	**resource**	[ríːsɔ̀ːrs] リーソース	名（複数形で）資源
1615	**rhyme**	[ráim] ライム	名 韻（いん）
1616	**rhythm**	[ríðm] リズム	名 リズム
1617	**safely**	[séifli] セイフリィ	副 安全に
1618	**seasonal**	[síːzənl] スィーゾナル	形 ある季節に特有な
1619	**shade**	[ʃéid] シェイド	名（日の光がさえぎられてできる）陰
1620	**sidewalk**	[sáidwɔːk] サイドウォーク	名 歩道

Let's listen and write!

1621 —— 1652

No.	Word	Pronunciation	Trace	Meaning
1621	**simulation**	[sìmjəléiʃən] スィミュレイション	simulation	名 模擬実験，まねること
1622	**studio**	[st(j)ú:diou] ステューディオウ	studio	名 スタジオ
1623	**stylish**	[stáiliʃ] スタイリッシュ	stylish	形 しゃれた，流行の
1624	**sunshine**	[sʌ́nʃàin] サンシャイン	sunshine	名 日光
1625	**supply**	[səplái] サプライ	supply	名 供給量，供給
1626	**survival**	[sərváivl] サヴァイヴァル	survival	名 生き残ること
1627	**sustainable**	[səstéinəbl] サステイナブル	sustainable	形 持続可能な
1628	**syllable**	[síləbl] スィラブル	syllable	名 音節
1629	**tax**	[tǽks] タックス	tax	名 税金
1630	**tightly**	[táitli] タイトゥリィ	tightly	副 きつく，しっかりと
1631	**trade**	[tréid] トゥレイド	trade	名 貿易
1632	**transport**	[trænspɔ́:rt] トゥランスポート	transport	動 ～を輸送する
1633	**uncomfortable**	[ʌnkʌ́mftəbl] アンカンフタブル	uncomfortable	形 心地よくない
1634	**violence**	[váiələns] ヴァイオレンス	violence	名 暴力（行為）
1635	**weapon**	[wépn] ウェポン	weapon	名 武器
1636	**well-known**	[wélnóun] ウェルノウン	well-known	形 よく知られている

No.	単語	発音	意味
1637	**worth**	[wə́:rθ] ワ～ス	形 価値がある
1638	**wrestling**	[résliŋ] レスリング	名 レスリング
1639	**add**	[ǽd] アッド	動 ～を加える，～を足す
1640	**adventure**	[ədvén(t)ʃər] アドヴェンチャァ	名 冒険
1641	**Asia**	[éiʒə] エイジャ	名 アジア
1642	**asleep**	[əslí:p] アスリープ	形 眠っている
1643	**award**	[əwɔ́:rd] アウォード	名 賞
1644	**base**	[béis] ベイス	名 基礎 動 ～に基礎を置く
1645	**boil**	[bɔ́il] ボイル	動 ～をゆでる
1646	**broaden**	[brɔ́:dn] ブロードゥン	動 ～を広げる
1647	**bucket**	[bʌ́kət] バケット	名 バケツ
1648	**bury**	[béri] ベリィ	動 ～を埋める
1649	**bush**	[búʃ] ブッシュ	名 低木
1650	**business**	[bíznəs] ビズネス	名 ビジネス
1651	**button**	[bʌ́tn] バトゥン	名 ボタン
1652	**chart**	[tʃɑ́:rt] チャート	名 図，表

MAX CHECK !!

1589 — 1652

CHECK 1

1589～1652 の英単語を覚えているか確認しましょう。

① 4分の1

② (the ～) 地平線

③ 比較的

④ きつく，しっかりと

⑤ 不可能な

⑥ 心地よくない

⑦ 暴力（行為）

⑧ 持続可能な

⑨ ～を輸入する

⑩ 独立，自立

⑪ （遺言によって譲られる）遺産

⑫ ～をゆでる

⑬ 金属

⑭ 天然ガス

⑮ 抗議する

CHECK 2

1589～1652 の英単語をフレーズで書いて確認しましょう。

① 違法薬物　＿＿＿ drugs

② よく知られた俳優　a ＿＿＿ actor

③ 相互依存の関係　＿＿＿ relationship

④ 再生可能エネルギー　＿＿＿ energy

⑤ 天然資源　natural ＿＿＿

⑥ 供給と需要　＿＿＿ and demand

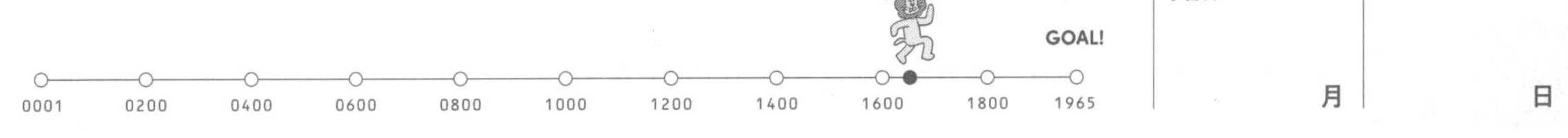

学習日　　月　　日

CHECK 3 | 日本文と同じ意味になるように ______ に適する語を書きましょう。

① 彼は安全運転をします。

He drives ______________ .

② 下にある円グラフを見てください。

Look at the pie ______________ below.

③ そのボタンを押さないでください。

Don't push that ______________ .

④ 当社の営業時間は午前9時30分から午後6時30分までです。

Our ______________ hours are from 9:30 a.m. to 6:30 p.m.

⑤ この小説は作者の経験したことに基づいています。

This novel is ______________ on the author's experiences.

⑥ ベンはとても疲れていたので夕食中に眠りに落ちました。

Ben was so tired that he fell ______________ during dinner.

⑦ 私はスープに塩を加えました。

I ______________ some salt to the soup.

⑧ この映画は見る価値があります。

This movie is ______________ seeing.

⑨ 日本は消費税率を数回上げてきました。

Japan has increased its consumption ______________ rate several times.

⑩ この論文は一般の人々が理解するには難しすぎます。

This paper is too difficult for ______________ people to understand.

解答
CHECK 1 ① quarter ② horizon ③ relatively ④ tightly ⑤ impossible ⑥ uncomfortable ⑦ violence ⑧ sustainable ⑨ import ⑩ independence ⑪ legacy ⑫ boil ⑬ metal ⑭ natural gas ⑮ protest
CHECK 2 ① illegal ② well-known ③ interdependent ④ renewable ⑤ resources ⑥ supply
CHECK 3 ① safely ② chart ③ button ④ business ⑤ based ⑥ asleep ⑦ added ⑧ worth ⑨ tax ⑩ ordinary

STAGE 3
中3の英単語

1653 —— 1684

No.	Word	Pronunciation	Trace	Meaning
1653	**chip**	[tʃíp] チップ	chip	名 (食べものの)薄切り
1654	**comb**	[kóum] コウム	comb	名 くし
1655	**community**	[kəmjú:nəti] コミューニティ	community	名 生活共同体
1656	**consider**	[kənsídər] コンスィダァ	consider	動 ～をよく考える
1657	**contain**	[kəntéin] コンテイン	contain	動 ～を含む
1658	**cotton**	[kátn] カトゥン	cotton	名 綿
1659	**creature**	[krí:tʃər] クリーチャァ	creature	名 生き物
1660	**curtain**	[kə́:rtn] カ～トゥン	curtain	名 カーテン
1661	**deal**	[dí:l] ディール	deal	動 (トランプの札など)を配る，カードを配る 名 取引
1662	**describe**	[diskráib] ディスクライブ	describe	動 ～の特徴を述べる
1663	**direction**	[dərékʃən] ディレクション	direction	名 方向，指示
1664	**director**	[dəréktər] ディレクタァ	director	名 監督
1665	**discuss**	[diskʌ́s] ディスカス	discuss	動 ～を話し合う
1666	**disease**	[dizí:z] ディズィーズ	disease	名 病気
1667	**display**	[displéi] ディスプレイ	display	名 展示
1668	**dome**	[dóum] ドウム	dome	名 ドーム，半球体

No.	単語	発音	意味
1669	**due**	[djúː] デュー	形 到着予定で，期限がきた
1670	**eastern**	[íːstərn] イースタン	形 東の，東部の
1671	**essay**	[ései] エセイ	名 エッセー，小論文，作文
1672	**Europe**	[júərəp] ユ(ア)ロップ	名 ヨーロッパ
1673	**exit**	[égzit] エグズィット	名 出口 動 立ち去る
1674	**explanation**	[èksplənéiʃən] エクスプラネイション	名 説明
1675	**explore**	[iksplɔ́ːr] イクスプロー	動 ～を探検する，～を調査する
1676	**failure**	[féiljər] フェイリャ	名 失敗
1677	**familiar**	[fəmíljər] ファミリャ	形 よく知られた
1678	**fat**	[fǽt] ファット	形 太った
1679	**figure**	[fígjər] フィギャ	動 ～と考える 名 数，人物
1680	**file**	[fáil] ファイル	名 書類差し，(コンピュータの)ファイル
1681	**fountain**	[fáuntn] ファウンテン	名 泉，飲用の噴水
1682	**frustrated**	[frʌ́streitid] フラストゥレイティド	形 ストレスの溜まった
1683	**gender**	[dʒéndər] ヂェンダァ	名 性
1684	**gold**	[góuld] ゴウルド	名 金 形 金色の

Let's listen and write!

1685 —— 1716

No.	単語	発音	意味
1685	**greet**	[gríːt] グリート	動 ～にあいさつする
1686	**handball**	[hǽndbɔ̀ːl] ハンドボール	名 ハンドボール
1687	**handout**	[hǽndàut] ハンダウト	名 資料，プリント
1688	**happiness**	[hǽpinəs] ハピネス	名 幸せ
1689	**harm**	[hɑːrm] ハーム	動 ～を傷つける，～に害を与える 名 害
1690	**harmony**	[hɑ́ːrməni] ハーモニィ	名 調和
1691	**headphone**	[hédfòun] ヘッドフォウン	名 (～s) ヘッドフォン
1692	**hurry**	[hə́ːri] ハ～リィ	動 急ぐ 名 急ぐこと
1693	**immediately**	[imíːdiətli] イミーディエトリィ	副 ただちに
1694	**importance**	[impɔ́ːrtəns] インポータンス	名 重要性
1695	**including**	[inklúːdiŋ] インクルーディング	前 ～を含めて
1696	**laughter**	[lǽftər] ラフタァ	名 笑い
1697	**lay**	[léi] レイ	動 ～を置く，～を横たえる
1698	**lie**	[lái] ライ	動 横になる，うそをつく 名 うそ
1699	**lower**	[lóuər] ロウア	動 ～をおろす，～を下げる
1700	**major**	[méidʒər] メイヂャァ	形 主要な，大きい，多い

1701 **material** [mətíəriəl] マティ(ア)リアル — material — 名 原料，材料

1702 **mission** [míʃən] ミッション — mission — 名 任務，使節団

1703 **modern** [mádərn] マダァン — modern — 形 現代の，最新式の

1704 **monument** [mánjəmənt] マニュメント — monument — 名 (人・出来事などの) 記念碑

1705 **moon** [mú:n] ムーン — moon — 名 (the ～) 月 (天体)

1706 **neither** [ní:ðər] ニーザァ — neither — 副 (否定文のあとで) どちらも～ない

1707 **nobody** [nóubədi] ノウバディ — nobody — 代 だれも～ない

1708 **official** [əfíʃl] オフィシャル — official — 形 公式の

1709 **onto** [ántə] アント — onto — 前 ～の上に

1710 **opportunity** [àpərtjú:nəti] アパテューニティ — opportunity — 名 機会

1711 **package** [pǽkidʒ] パキッヂ — package — 名 包み，(郵便) 小包

1712 **pain** [péin] ペイン — pain — 名 痛み

1713 **particular** [pərtíkjələr] パティキュラァ — particular — 形 特別な

1714 **personal** [pá:rsənl] パ～スヌル — personal — 形 個人的な

1715 **pollution** [pəlú:ʃən] ポルーション — pollution — 名 汚染

1716 **process** [práses] プラセス — process — 動 ～を加工処理する 名 過程，プロセス

MAX CHECK !!

1653 — 1716

CHECK 1

1653～1716の英単語を覚えているか確認しましょう。

① ～の特徴を述べる

② 幸せ

③ 調和

④ 急ぐ

⑤ ～を含めて

⑥ 説明

⑦ 主要な，大きい，多い

⑧ 原料，材料

⑨ 太った

⑩ 笑い

⑪ (the ～) 月 (天体)

⑫ 公式の

⑬ 機会

⑭ 痛み

⑮ 個人的な

CHECK 2

1653～1716の英単語をフレーズで書いて確認しましょう。

① 男女間の差　________ gap

② 映画監督　a movie ________

③ そのことについて話し合う　________ the matter

④ 心臓病　heart ________

⑤ 平和の重要性　the ________ of peace

⑥ 大気汚染　air ________

CHECK 3 日本文と同じ意味になるように ＿＿＿ に適する語を書きましょう。

① 電車は30分で到着予定です。

The train is ＿＿＿＿＿＿ in 30 minutes.

② 彼はテーブルの上に本を置きました。

He ＿＿＿＿＿＿ the book on the table.

③ 私は上手に歌えませんし，ケンもまた歌えません。

I can't sing well, and ＿＿＿＿＿＿ can Ken.

④ だれも知りません。

＿＿＿＿＿＿ knows.

⑤ あのレストランでアルバイトをすることをよく考えてみました。

I ＿＿＿＿＿＿ working part-time at that restaurant.

⑥ 綿のシャツを探しています。

I'm looking for a ＿＿＿＿＿＿ shirt.

⑦ すべての生徒が指示に従わなければなりません。

All students have to follow the ＿＿＿＿＿＿.

⑧ この物語は日本人にはよく知られています。

This story is ＿＿＿＿＿＿ to Japanese people.

⑨ 彼は毎日私に笑顔であいさつします。

He ＿＿＿＿＿＿ me with a smile every day.

⑩ 喫煙はあなたに害を与えます。

Smoking does you ＿＿＿＿＿＿.

解答
CHECK 1 ① describe ② happiness ③ harmony ④ hurry ⑤ including ⑥ explanation ⑦ major ⑧ material ⑨ fat ⑩ laughter ⑪ moon ⑫ official ⑬ opportunity ⑭ pain ⑮ personal
CHECK 2 ① gender ② director ③ discuss ④ disease ⑤ importance ⑥ pollution
CHECK 3 ① due ② laid ③ neither ④ Nobody ⑤ considered ⑥ cotton ⑦ directions ⑧ familiar ⑨ greets ⑩ harm

No.	Word	Pronunciation	Meaning
1717	**provide**	[prəváid] プロヴァイド	動 ～を提供する
1718	**reality**	[riǽləti] リアリティ	名 現実
1719	**recover**	[rikʌ́vər] リカヴァ	動 回復する，～を取り戻す
1720	**repair**	[ripéər] リペア	動 ～を修理する
1721	**reporter**	[ripɔ́:rtər] リポータァ	名 レポーター
1722	**rescue**	[réskju:] レスキュー	動 ～を救う 名 救助
1723	**roast**	[róust] ロウスト	形 あぶり焼きにした
1724	**sail**	[séil] セイル	動 航行する
1725	**score**	[skɔ́:r] スコーァ	動 ～を得点する 名 得点
1726	**seed**	[sí:d] スィード	名 種(たね)
1727	**shine**	[ʃáin] シャイン	動 輝く
1728	**shock**	[ʃɑ́k] シャック	動 ～にショックを与える 名 ショック
1729	**shut**	[ʃʌ́t] シャット	動 ～を閉める
1730	**silent**	[sáilənt] サイレント	形 静かな
1731	**single**	[síŋgl] スィングル	形 たった1つの，独身の
1732	**smoke**	[smóuk] スモウク	名 煙 動 喫煙する

No.	Word	Pronunciation	Meaning
1733	**snowboarding**	[snóubɔ̀ːrdiŋ] スノウボーディング	名 スノーボード（競技）
1734	**somebody**	[sʌ́mbɑ̀di] サムバディ	代 だれか（= **someone**）
1735	**stamp**	[stǽmp] スタンプ	名 切手，スタンプ
1736	**stream**	[stríːm] ストゥリーム	名 小川，水路
1737	**success**	[səksés] サクセス	名 成功
1738	**sunset**	[sʌ́nsèt] サンセット	名 日の入り
1739	**tale**	[téil] テイル	名 物語
1740	**teenager**	[tíːnèidʒər] ティーネイヂャア	名 10代の少年［少女］
1741	**throat**	[θróut] スロウト	名 のど
1742	**toward**	[tɔ́ːrd] トード	前 ～の方へ，～に向けて
1743	**traffic light**	[trǽfik làit] トゥラフィック ライト	名 信号，交通信号灯
1744	**truly**	[trúːli] トゥルーリィ	副 本当に
1745	**truth**	[trúːθ] トゥルース	名 真実
1746	**unbelievable**	[ʌ̀nbilíːvəbl] アンビリーヴァブル	形 信じられない
1747	**unfortunately**	[ʌnfɔ́ːrtʃənətli] アンフォーチュネットリィ	副 不運にも，残念ながら
1748	**valley**	[vǽli] ヴァリィ	名 低地，谷間

STAGE 3

中3の英単語

Let's listen and write!

1749 —— 1780

No.	Word	Pronunciation	Meaning
1749	**vase**	[véis] ヴェイス	名 花びん
1750	**western**	[wéstərn] ウェスタン	形 西の，西部の
1751	**within**	[wiðín] ウィズィン	前 ～以内で
1752	**wrist**	[ríst] リスト	名 手首
1753	**yawn**	[jɔ́:n] ヨーン	動 あくびをする
1754	**admire**	[ədmáiər] アドゥマイア	動 ～を賞賛する
1755	**alarm**	[əlá:rm] アラーム	名 警報，目覚まし時計
1756	**allow**	[əláu] アラウ	動 ～を許す
1757	**app**	[ǽp] アップ	名 アプリ，アプリケーションソフト（= application）
1758	**average**	[ǽvəridʒ] アヴェリッヂ	名 平均
1759	**bloom**	[blú:m] ブルーム	名 花
1760	**captain**	[kǽptn] キャプトゥン	名 キャプテン，指導者
1761	**celebrity**	[səlébrəti] セレブリティ	名 有名人
1762	**conductor**	[kəndʌ́ktər] コンダクタァ	名 指揮者，車掌
1763	**confidence**	[kɑ́nfidəns] カンフィデンス	名 信頼，信用
1764	**costume**	[kɑ́st(j)u:m] カストゥーム	名 衣装，（ある時代・民族などに特有の）服装

vase western within wrist yawn admire alarm allow app average bloom captain celebrity conductor confidence costume

No.	単語	発音	意味
1765	**crossing**	[krɔ́(:)siŋ] クロ(ー)スィング	名 横断歩道
1766	**digest**	[daidʒést] ダイヂェスト	動 ～を消化する
1767	**disability**	[disəbíləti] ディサビリティ	名 能力を欠くこと，障がい
1768	**disappointed**	[disəpɔ́intid] ディサポインティッド ✓	形 (人が)失望した，がっかりした
1769	**divide**	[diváid] ディヴァイド	動 ～を分ける
1770	**Egypt**	[í:dʒipt] イーヂプト	名 エジプト
1771	**engine**	[éndʒən] エンヂン	名 エンジン
1772	**experiment**	[ikspérəmənt] イクスペリメント	名 実験
1773	**fascinating**	[fǽsənèitiŋ] ファスィネイティング	形 魅了する
1774	**film**	[fílm] フィルム	名 映画，フィルム
1775	**fix**	[fíks] フィックス	動 ～を修理する，(時間や場所)を決める
1776	**handkerchief**	[hǽŋkərtʃif] ハンカチフ ✓	名 ハンカチ
1777	**involve**	[inválv] インヴァルヴ	動 ～を必ず含む，～を巻き込む
1778	**lady**	[léidi] レイディ	名 女性，婦人
1779	**locker**	[lákər] ラッカァ	名 ロッカー
1780	**media**	[mí:diə] ミーディア	名 (the ～) マスメディア

MAX CHECK !!

1717 — 1780

CHECK 1

1717～1780 の英単語を覚えているか確認しましょう。

① 回復する，～を取り戻す

② のど

③ 航行する

④ 10代の少年［少女］

⑤ 不運にも，残念ながら

⑥ 花びん

⑦ 手首

⑧ あくびをする

⑨ 警報，目覚まし時計

⑩ 平均

⑪ 実験

⑫ 有名人

⑬ ～を必ず含む，～を巻き込む

⑭ 信頼，信用

⑮ ～を消化する

CHECK 2

1717～1780 の英単語をフレーズで書いて確認しましょう。

① 実際には　in ______

② 道路を補修する　______ the road

③ 切手を集める　collect ______

④ リーダーとしての成功　______ as a leader

⑤ ドアを閉める　______ the door

⑥ 10分以内で　______ ten minutes

CHECK 3　日本文と同じ意味になるように ＿＿ に適する語を書きましょう。

① 太陽は輝いています。
The sun is ＿＿＿＿＿＿＿＿.

② 彼はまだ独身です。
He is still ＿＿＿＿＿＿＿＿.

③ 火のないところに煙は立たぬ。
There is no ＿＿＿＿＿＿＿＿ without fire.

④ ケンのお父さんは新聞記者として働いています。
Ken's father works as a newspaper ＿＿＿＿＿＿＿＿.

⑤ 警察はついにその小さな少年を救助しました。
The police finally ＿＿＿＿＿＿＿＿ the little boy.

⑥ 彼女に彼氏がいると知って私はショックを受けました。
I was ＿＿＿＿＿＿＿＿ to learn that she had a boyfriend.

⑦ 数人が日没時にビーチに座っていました。
Some people were sitting on the beach at ＿＿＿＿＿＿＿＿.

⑧ 鈴木先生は生徒たちが学校でスマートフォンを使うことを許しませんでした。
Mr. Suzuki didn't ＿＿＿＿＿＿＿＿ his students to use their smartphones at school.

⑨ グリーン先生はクラスを6つのグループに分けました。
Ms. Green ＿＿＿＿＿＿＿＿ the class into six groups.

⑩ 彼は今，コンピュータの修理をしています。
He is ＿＿＿＿＿＿＿＿ a computer now.

解答
CHECK 1 ① recover ② throat ③ sail ④ teenager ⑤ unfortunately ⑥ vase ⑦ wrist ⑧ yawn ⑨ alarm ⑩ average ⑪ experiment ⑫ celebrity ⑬ involve ⑭ confidence ⑮ digest
CHECK 2 ① reality ② repair ③ stamps ④ success ⑤ shut ⑥ within
CHECK 3 ① shining ② single ③ smoke ④ reporter ⑤ rescued ⑥ shocked ⑦ sunset ⑧ allow ⑨ divided ⑩ fixing

1781 —— 1812

No.	単語	発音	意味
1781	**nursery**	[nə́ːrsəri] ナ〜サリィ	名 保育園，子ども部屋
1782	**Paris**	[pǽris] パリス	名 パリ
1783	**passport**	[pǽspɔːrt] パスポート ✓	名 パスポート
1784	**per**	[(弱)pər；(強)pə́ːr] パァ；パ〜	前 〜につき
1785	**pole**	[póul] ポウル	名 柱，さお
1786	**pour**	[pɔ́ːr] ポーァ	動 〜を注ぐ
1787	**promote**	[prəmóut] プロモウト	動 〜を促進する
1788	**railroad**	[réilròud] レイルロウド	名 鉄道(の線路)
1789	**rank**	[rǽŋk] ランク	名 階級，位
1790	**recess**	[ríːses] リーセス	名 (授業間の)休憩時間
1791	**respond**	[rispɑ́nd] リスパンド	動 返答する，反応する
1792	**Rome**	[róum] ロウム	名 ローマ
1793	**Russia**	[rʌ́ʃə] ラシャ	名 ロシア
1794	**scenery**	[síːnəri] スィーナリィ	名 景色，風景
1795	**setting**	[sétiŋ] セッティング	名 環境，状況
1796	**sign language**	[sáin lǽŋgwidʒ] サイン ラングウィッヂ	名 手話

No.	Word	Pronunciation	Trace	Meaning
1797	**stone**	[stóun] ストウン	stone	名 石
1798	**stranger**	[stréindʒər] ストゥレインヂャ	stranger	名 見知らぬ人，よそから来た人
1799	**suit**	[sú:t] スート	suit	動 ～に似合う 名（ある目的のための）衣服
1800	**sunflower**	[sʌ́nflauər] サンフラウア	sunflower	名 ヒマワリ
1801	**Switzerland**	[swítsərlənd] スウィツァランド	Switzerland	名 スイス
1802	**tablet**	[tǽblət] タブレット	tablet	名 錠剤，（コンピューターの）タブレット
1803	**Taiwan**	[taiwɑ́:n] タイワーン	Taiwan	名 台湾
1804	**tragic**	[trǽdʒik] トゥラヂック	tragic	形 悲惨な
1805	**wealth**	[wélθ] ウェルス	wealth	名 富，裕福
1806	**wildlife**	[wáildlàif] ワイルドゥライフ	wildlife	名 野生生物
1807	**access**	[ǽkses] アクセス	access	名 接近方法，アクセス
1808	**address**	[ədrés] アドゥレス	address	名 住所
1809	**affection**	[əfékʃən] アフェクション	affection	名 愛情
1810	**airplane**	[éərplèin] エアプレイン	airplane	名 飛行機
1811	**alarm clock**	[əlɑ́:rm klɑ̀k] アラーム クラック	alarm clock	名 目覚まし時計
1812	**aloud**	[əláud] アラウド	aloud	副 声に出して

No.	Word	Pronunciation	Meaning
1813	**alphabet**	[ǽlfəbèt] アルファベット	名 アルファベット
1814	**ambition**	[æmbíʃən] アンビション	名 願望
1815	**ambitious**	[æmbíʃəs] アンビシャス	形 大望のある
1816	**amused**	[əmjú:zd] アミューズド	形 おもしろがって
1817	**anxiety**	[æŋzáiəti] アングザイアティ	名 心配
1818	**anxious**	[ǽŋ(k)ʃəs] アン(ク)シャス	形 心配して
1819	**apart**	[əpá:*r*t] アパート	副 離れて
1820	**apartment**	[əpá:*r*tmənt] アパートメント	名 アパート（一世帯分の区画）
1821	**army**	[á:*r*mi] アーミィ	名 軍隊, （the ～）陸軍
1822	**artwork**	[á:*r*twə̀:*r*k] アートワ～ク	名 アートワーク, 芸術作品
1823	**automatically**	[ɔ̀:təmǽtikəli] オートマティカリィ	副 自動的に
1824	**basically**	[béisikəli] ベイスィカリィ	副 基本的に
1825	**bay**	[béi] ベイ	名 湾, 入り江
1826	**behave**	[bihéiv] ビヘイヴ	動 振る舞う
1827	**billboard**	[bílbɔ̀:*r*d] ビルボード	名 広告板
1828	**blanket**	[blǽŋkət] ブランケット	名 毛布

No.	Word	Pronunciation	Meaning
1829	**blueberry**	[blúːbèri] ブルーベリィ	名 ブルーベリー
1830	**boyfriend**	[bɔ́ifrènd] ボイフレンド	名 彼氏，ボーイフレンド
1831	**branch**	[brǽntʃ] ブランチ	名 枝，支店
1832	**breathe**	[bríːð] ブリーズ	動 呼吸する
1833	**buffet**	[bəféi] バフェイ	名 バイキング，立食
1834	**canvas**	[kǽnvəs] キャンヴァス	名 カンバス
1835	**cart**	[ká:rt] カート	名 荷馬車，リヤカー
1836	**cave**	[kéiv] ケイヴ	名 洞くつ
1837	**champion**	[tʃǽmpiən] チャンピオン	名 優勝者，選手権保持者
1838	**cherry blossom**	[tʃéri blásəm] チェリィ ブラサム	名 桜の花
1839	**comfort**	[kʌ́mfərt] カンファト	名 心地よさ，快適さ
1840	**command**	[kəmǽnd] コマンド	名 ～を命ずる
1841	**commute**	[kəmjúːt] コミュート	動 通勤［通学］する
1842	**compete**	[kəmpíːt] コンピート	動 競う
1843	**competition**	[kàmpətíʃən] カンペティション	名 競技会
1844	**concentrate**	[kánsəntrèit] カンセントゥレイト	動 努力［注意］を集中する

MAX CHECK !!

1781 — 1844

CHECK 1

1781 ～ 1844 の英単語を覚えているか確認しましょう。

① ～を注ぐ

② アルファベット

③ 富，裕福

④ 自動的に

⑤ アパート（一世帯分の区画）

⑥ 枝，支店

⑦ 基本的に

⑧ 振る舞う

⑨ 呼吸する

⑩ 接近方法，アクセス

⑪ 洞くつ

⑫ 競う

⑬ 悲惨な

⑭ 野生生物

⑮ 住所

CHECK 2

1781 ～ 1844 の英単語をフレーズで書いて確認しましょう。

① 1人あたり　＿＿＿＿ person

② 錠剤を飲む　take a ＿＿＿＿

③ 美しい景色　beautiful ＿＿＿＿

④ 親の愛情　parental ＿＿＿＿

⑤ 通学する　＿＿＿＿ to school

⑥ 石の壁　a ＿＿＿＿ wall

CHECK 3 日本文と同じ意味になるように ＿＿ に適する語を書きましょう。

① あなたのパスポートを見せてください。

Please show me your ＿＿＿＿＿＿＿＿.

② ロシアは大きな国です。

＿＿＿＿＿＿＿＿ is a large country.

③ 見知らぬ人が私に話しかけてきました。

A ＿＿＿＿＿＿＿＿ spoke to me.

④ このネクタイはあなたに似合います。

This tie ＿＿＿＿＿＿＿＿ you.

⑤ 彼は非常に野心があります。

He is very ＿＿＿＿＿＿＿＿.

⑥ 私は彼の質問に返答するのを忘れていました。

I forgot to ＿＿＿＿＿＿＿＿ to his question.

⑦ 声に出して読むことは言語を学ぶよい方法の1つです。

Reading ＿＿＿＿＿＿＿＿ is a good way to learn a language.

⑧ 彼は卒業後に1人暮らしすることについて心配しています。

He is ＿＿＿＿＿＿＿＿ about living alone after graduation.

⑨ 彼女は2018年に初めてテニス選手権保持者になりました。

She became a tennis ＿＿＿＿＿＿＿＿ for the first time in 2018.

⑩ 同時に2つのことに集中することはできません。

You can't ＿＿＿＿＿＿＿＿ on two things at the same time.

解答
CHECK 1 ① pour ② alphabet ③ wealth ④ automatically ⑤ apartment ⑥ branch ⑦ basically ⑧ behave ⑨ breathe ⑩ access ⑪ cave ⑫ compete ⑬ tragic ⑭ wildlife ⑮ address
CHECK 2 ① per ② tablet ③ scenery ④ affection ⑤ commute ⑥ stone
CHECK 3 ① passport ② Russia ③ stranger ④ suits ⑤ ambitious ⑥ respond ⑦ aloud ⑧ anxious ⑨ champion ⑩ concentrate

061

Let's listen and write!

1845 —— 1876

No.	Word	Trace	Meaning
1845	**cooperation** [kouàpəréiʃən] コウアペレイション	cooperation	名 協力
1846	**delay** [diléi] ディレイ	delay	動 ～を遅らせる 名 遅れ
1847	**delegate** [déligət] デリゲット	delegate	名 代表，使節
1848	**demonstration** [dèmənstréiʃən] デモンストゥレイション	demonstration	名 デモ，実演
1849	**desert** [dézərt] デザァト	desert	名 砂漠
1850	**determined** [ditə́:rmind] ディターミンド	determined	形 決然とした
1851	**dig** [díg] ディッグ	dig	動（地面など）～を掘る
1852	**download** [dáunlòud] ダウンロウド	download	動 ～をダウンロードする
1853	**durable** [d(j)úərəbl] デュアラブル	durable	形 長持ちする
1854	**dying** [dáiiŋ] ダイインヶ	dying	形 死にかけの
1855	**edge** [édʒ] エッヂ	edge	名 縁，へり
1856	**elbow** [élbou] エルボウ	elbow	名 ひじ
1857	**encyclopedia** [insàikləpí:diə] インサイクロピーディア	encyclopedia	名 百科事典
1858	**equator** [ikwéitər] イクウェイタァ	equator	名（the ～）赤道
1859	**EU** [i:jú:] イーユー	EU	名 欧州連合（European Union の略）
1860	**expand** [ikspǽnd] イクスパンド	expand	動 ～を広げる，拡大する

No.	単語	発音	なぞり書き	意味
1861	**expect**	[ikspékt] イクスペクト	expect	動 ～を予期する
1862	**extinct**	[ikstín(k)t] イクスティン(ク)ト	extinct	形 絶滅した
1863	**fabulous**	[fæbjələs] ファビュラス	fabulous	形 すばらしい
1864	**faith**	[féiθ] フェイス	faith	名 信頼，信用
1865	**female**	[fí:meil] フィーメイル	female	名 女性 形 女性の
1866	**flash**	[flæʃ] フラッシュ	flash	名 ぱっと発する光，懐中電灯 動 点滅する
1867	**frightening**	[fráitniŋ] フライトゥニング	frightening	形 ぞっとさせるような
1868	**geography**	[dʒiágrəfi] ヂアグラフィ	geography	名 地理（学）
1869	**glory**	[glɔ́:ri] グローリィ	glory	名 栄光
1870	**golf**	[gálf] ガルフ	golf	名 ゴルフ
1871	**governor**	[gʌ́vərnər] ガヴァナァ	governor	名 知事，統治者
1872	**grateful**	[gréitfl] グレイトフル	grateful	形 感謝する，ありがたく思う
1873	**Greece**	[grí:s] グリース	Greece	名 ギリシャ
1874	**greedy**	[grí:di] グリーディ	greedy	形 欲深い
1875	**grocery**	[gróusəri] グロウサリィ	grocery	名 食料雑貨店
1876	**heal**	[hí:l] ヒール	heal	動（傷など）～を治す，～を癒やす

062

Let's listen and write!

1877 —— 1908

No.	Word	Pronunciation	Meaning
1877	**herb**	[ə́:rb] アーブ	名 ハーブ
1878	**hide-and-seek**	[háid(ə)nsí:k] ハイドゥンスィーク	名 かくれんぼ
1879	**holder**	[hóuldər] ホウルダァ	名 所有者，容器，ホルダー
1880	**homesick**	[hóumsìk] ホウムスィック	形 ホームシックの
1881	**indoor**	[índɔ̀:r] インドア	形 屋内の
1882	**infant**	[ínfənt] インファント	名 乳幼児
1883	**interact**	[ìntərǽkt] インテラクト	動 相互に作用する
1884	**joyful**	[dʒɔ́ifl] ヂョイフル	形 楽しませるような
1885	**keeper**	[kí:pər] キーパァ	名 飼育係，管理人，番人
1886	**keyword**	[kí:wə̀:rd] キーワ～ド	名 キーワード
1887	**kindergarten**	[kíndərgɑ̀:rtn] キンダガートゥン	名 幼稚園〈米〉，保育園〈英〉
1888	**lately**	[léitli] レイトゥリィ	副 最近は（= recently）
1889	**lettuce**	[létəs] レタス	名 レタス
1890	**lung**	[lʌ́ŋ] ラング	名 肺
1891	**Mars**	[mɑ́:rz] マーズ	名 火星
1892	**mask**	[mǽsk] マスク	名 マスク，面

No.	単語	発音	意味
1893	**memo**	[mémou] メモウ	名 覚え書き
1894	**merry**	[méri] メリィ	形 楽しい，陽気な
1895	**mess**	[més] メス	名 散らかった状態 動 ～を散らかす
1896	**microphone**	[máikrəfòun] マイクロフォウン	名 マイク
1897	**NASA**	[nǽsə] ナサ	名 米国航空宇宙局
1898	**navigation**	[nævigéiʃən] ナヴィゲイション	名 航法
1899	**necklace**	[nékləs] ネクレス	名 ネックレス
1900	**needle**	[ní:dl] ニードゥル	名 （縫いもの，注射器などの）針
1901	**needy**	[ní:di] ニーディ	形 貧しい
1902	**nephew**	[néfju:] ネフュー	名 おい
1903	**niece**	[ní:s] ニース	名 めい
1904	**opponent**	[əpóunənt] オポウネント	名 相手，敵，反対者
1905	**oven**	[ʌ́vn] アヴン	名 オーブン
1906	**overweight**	[óuvərwéit] オウヴァウェイト	形 太りすぎの
1907	**packet**	[pǽkət] パケット	名 密閉容器，小包
1908	**paradise**	[pǽrədais] パラダイス	名 楽園

MAX CHECK !!

1845 — 1908

CHECK 1 | 1845～1908の英単語を覚えているか確認しましょう。

① 砂漠

② 地理（学）

③ 知事，統治者

④ 長持ちする

⑤ 縁，へり

⑥ 絶滅した

⑦ 相互に作用する

⑧ 食料雑貨店

⑨ 肺

⑩ 散らかった状態

⑪ めい

⑫ ひじ

⑬ （the ～）赤道

⑭ ～を予期する

⑮ 相手，敵，反対者

CHECK 2 | 1845～1908の英単語をフレーズで書いて確認しましょう。

① 戦争に反対するデモ　a ＿＿＿＿ against the war

② 私たちのビジネスを拡大させる　＿＿＿＿ our business

③ 稲光　a ＿＿＿＿ of lightning

④ 傷を治す　＿＿＿＿ a wound

⑤ ホームシックにかかる　feel ＿＿＿＿

⑥ 小さな幼児　a small ＿＿＿＿

CHECK 3 | 日本文と同じ意味になるように ＿＿ に適する語を書きましょう。

① ご協力ありがとうございます。
Thank you for your ＿＿＿＿＿＿.

② その電車は遅れています。
The train is ＿＿＿＿＿＿.

③ ゴルフをしましょう。
Let's play ＿＿＿＿＿＿.

④ 彼はとても欲ばりです。
He is so ＿＿＿＿＿＿.

⑤ その男性は太りすぎです。
The man is ＿＿＿＿＿＿.

⑥ 彼らは消えかけている火の回りに座っていました。
They were sitting around a ＿＿＿＿＿＿ fire.

⑦ 春には多くの人々がマスクをしています。
Many people wear ＿＿＿＿＿＿ in spring.

⑧ マイクを使ってください。あなたの声がよく聞こえません。
Please use a ＿＿＿＿＿＿. We can't hear you very well.

⑨ そんなに太い注射針を見たことがありません。
I've never seen such a large ＿＿＿＿＿＿.

⑩ このグループは多くの貧しい人々を支援してきました。
This group has supported a lot of ＿＿＿＿＿＿ people.

解答
CHECK 1 ① desert ② geography ③ governor ④ durable ⑤ edge ⑥ extinct ⑦ interact ⑧ grocery ⑨ lung ⑩ mess ⑪ niece ⑫ elbow ⑬ equator ⑭ expect ⑮ opponent
CHECK 2 ① demonstration ② expand ③ flash ④ heal ⑤ homesick ⑥ infant
CHECK 3 ① cooperation ② delayed ③ golf ④ greedy ⑤ overweight ⑥ dying ⑦ masks ⑧ microphone ⑨ needle ⑩ needy

Let's listen and write!

1909 —— 1940

No.	Word	Pronunciation	Tracing	Meaning
1909	**patience**	[péiʃəns] ペイシェンス	patience	名 忍耐（力）
1910	**paw**	[pɔ́:] ポー	paw	名（動物の）足，手
1911	**pea**	[pí:] ピー	pea	名 エンドウ豆
1912	**phrase**	[fréiz] フレイズ	phrase	名 言い回し，句，フレーズ
1913	**pitcher**	[pítʃər] ピッチャァ	pitcher	名（野球の）ピッチャー
1914	**pleasant**	[pléznt] プレザント	pleasant	形 楽しい，好ましい
1915	**poem**	[póuəm] ポウエム	poem	名 詩
1916	**polar**	[póulər] ポウラァ	polar	形 極の
1917	**power station**	[páuər stèiʃən] パウア ステイション	power station	名 発電所
1918	**pride**	[práid] プライド	pride	名 誇り，自尊心
1919	**prime minister**	[práim mínəstər] プライム ミニスタァ	prime minister	名 総理大臣
1920	**proper**	[prápər] プラパァ	proper	形 適切な，きちんとした
1921	**properly**	[prápərli] プラパリィ	properly	副 きちんと
1922	**public**	[pʌ́blik] パブリック	public	形 公衆の，公共の
1923	**publish**	[pʌ́bliʃ] パブリッシュ	publish	動 ～を出版する
1924	**rain forest**	[réin fɔ̀:rəst] レイン フォーレスト	rain forest	名（熱帯）雨林

No.	単語	発音	意味
1925	**relative**	[rélətiv] レラティヴ	名 親族
1926	**relief**	[rilí:f] リリーフ	名 安堵（感），救援金［物資］
1927	**remain**	[riméin] リメイン	動 ～のままでいる
1928	**replace**	[ripléis] リプレイス	動 ～を取り替える
1929	**reserve**	[rizə́:rv] リザ～ヴ	動 ～を予約する
1930	**reuse**	[動 ri:jú:z 名 ri:jú:s] リーユーズ，リーユース	動 ～を再利用する 名 再利用
1931	**review**	[rivjú:] リヴュー	動 ～を再検討する，～を批評する
1932	**sew**	[sóu] ソウ	動 ～を縫う
1933	**shark**	[ʃá:rk] シャーク	名 サメ
1934	**shift**	[ʃíft] シフト	動 ～を移動させる，（意見など）を変える
1935	**sigh**	[sái] サイ	名 ため息 動 ため息をつく
1936	**signature**	[sígnətʃər] スィグネチャァ	名 署名
1937	**skip**	[skíp] スキップ	動 軽く跳ねながら進む，～を抜かす
1938	**sneaker**	[sní:kər] スニーカァ	名 スニーカー，運動靴
1939	**sneeze**	[sní:z] スニーズ	動 くしゃみをする
1940	**social media**	[sóuʃl mí:diə] ソウシャル ミーディア	名 ソーシャルメディア

064 Let's listen and write!

1941 —— 1965

No.	Word	Pronunciation	Meaning
1941	**software**	[sɔ́(:)ftweər] ソ(ー)フトウェア	名 ソフトウェア
1942	**soldier**	[sóuldʒər] ソウルヂャァ	名 兵士，軍人
1943	**solo**	[sóulou] ソウロウ	形 単独の
1944	**spell**	[spél] スペル	動 （文字）をつづる
1945	**starlight**	[stɑ́:rlàit] スターライト	名 星明かり
1946	**suppose**	[səpóuz] サポウズ	動 ～だと思う，(**be supposed to *do*** で）～することになっている
1947	**tape**	[téip] テイプ	名 磁気テープ，接着テープ
1948	**teamwork**	[tí:mwə̀:rk] ティームワ～ク	名 チームワーク
1949	**television**	[téləviʒən] テレヴィジョン	名 テレビ
1950	**thrill**	[θríl] スリル	名 ぞくぞく［わくわく］すること
1951	**throughout**	[θru(:)áut] スル(ー)アウト	前 ～の至る所に，～の間じゅう
1952	**tissue**	[tíʃu:] ティシュー	名 （動植物の細胞の）組織，ティッシュペーパー
1953	**twist**	[twíst] トゥウィスト	動 ～をより合わせる，～をねじる
1954	**underline**	[ʌ́ndərlàin] アンダァライン	動 ～に下線を引く，～を強調する
1955	**undernourished**	[ʌ̀ndərnə́:riʃt] アンダァナーリッシュト	形 栄養不良の
1956	**usual**	[jú:ʒuəl] ユージュアル	形 通常の

学習日 月 日

No.	単語	発音	意味
1957	**vanish**	[vǽniʃ] ヴァニッシュ	動 消える，見えなくなる
1958	**vending machine**	[véndiŋ məʃìːn] ヴェンディング マシーン	名 自動販売機
1959	**victory**	[víktəri] ヴィクトリィ	名 勝利
1960	**vocabulary**	[vo(u)kǽbjəlèri] ヴォ(ウ)キャビュレリィ	名 語彙
1961	**volcano**	[vɑlkéinou] ヴァルケイノウ	名 火山
1962	**washing machine**	[wáʃiŋ məʃìːn] ワッシング マシーン	名 洗濯機
1963	**waterfall**	[wɔ́ːtərfɔ̀ːl] ウォータフォール	名 滝
1964	**wooden**	[wúdn] ウドゥン	形 木製の
1965	**youth**	[júːθ] ユース	名 青春時代，若い人たち

MAX CHECK !!

1909 — 1965

CHECK 1

1909～1965 の英単語を覚えているか確認しましょう。

① ～を取り替える

② ～を再検討する，～を批評する

③ 木製の

④ 署名

⑤ 忍耐（力）

⑥ 適切な，きちんとした

⑦ ～を出版する

⑧ （文字）をつづる

⑨ ～を再利用する

⑩ 軽く跳ねながら進む，～を抜かす

⑪ （動植物の細胞の）組織，ティッシュペーパー

⑫ ～に下線を引く，～を強調する

⑬ 通常の

⑭ 勝利

⑮ 語彙

CHECK 2

1909～1965 の英単語をフレーズで書いて確認しましょう。

① ～を誇りに思う　take ＿＿＿＿ in ～

② 公共図書館　a ＿＿＿＿ library

③ 近い親族　close ＿＿＿＿

④ そのレストランの席を予約する　＿＿＿＿ a table at the restaurant

⑤ ～のことでため息をつく　＿＿＿＿ about ～

⑥ 活火山　an active ＿＿＿＿

CHECK 3 | 日本文と同じ意味になるように ＿＿＿ に適する語を書きましょう。

① あなたは冷静のままでいるべきです。

You should ＿＿＿＿＿＿ calm.

② 私たちのチームワークは完璧です。

Our ＿＿＿＿＿＿ is perfect.

③ この前の土曜日にスニーカーを1足買いました。

I bought a pair of ＿＿＿＿＿＿ last Saturday.

④ 私は今夜テレビでテニスの試合を見るつもりです。

I'm going to watch a tennis match on ＿＿＿＿＿＿ tonight.

⑤ この機械はもうきちんと作動しません。

This machine no longer works ＿＿＿＿＿＿.

⑥ この工場には独自の発電所があります。

This factory has its own ＿＿＿＿＿＿ ＿＿＿＿＿＿.

⑦ 国の至る所に古い建物がたくさんあります。

There are many old buildings ＿＿＿＿＿＿ the country.

⑧ その町の人々の多くは栄養不良です。

Many of the people in this town are ＿＿＿＿＿＿.

⑨ 彼は一言も言うことなくただ姿を消しました。

He just ＿＿＿＿＿＿ without a word.

⑩ 彼は青春時代をニューヨークで過ごしました。

He spent his ＿＿＿＿＿＿ in New York.

解答
CHECK 1 ① replace ② review ③ wooden ④ signature ⑤ patience ⑥ proper ⑦ publish ⑧ spell ⑨ reuse ⑩ skip ⑪ tissue ⑫ underline ⑬ usual ⑭ victory ⑮ vocabulary
CHECK 2 ① pride ② public ③ relatives ④ reserve ⑤ sigh ⑥ volcano
CHECK 3 ① remain ② teamwork ③ sneakers ④ television ⑤ properly ⑥ power station ⑦ throughout ⑧ undernourished ⑨ vanished ⑩ youth

まとめて覚える英単語

それぞれのテーマの英単語の音を聞き，右の書き込み欄に書いて覚えましょう。

国・言語・国籍

□ 日本	Japan	
□ アメリカ合衆国	the United States	
□ イギリス［英国］	the U.K.	
□ カナダ	Canada	
□ オーストラリア	Australia	
□ ニュージーランド	New Zealand	
□ ドイツ	Germany	
□ フランス	France	
□ イタリア	Italy	
□ スペイン	Spain	
□ ロシア	Russia	
□ 中国	China	
□ 韓国	South Korea	
□ タイ	Thailand	
□ インドネシア	Indonesia	
□ シンガポール	Singapore	
□ トルコ	Turkey	
□ インド	India	
□ ケニア	Kenya	
□ メキシコ	Mexico	
□ ブラジル	Brazil	
□ 日本語，日本人	Japanese	
□ 英語	English	
□ アメリカ人	American	
□ フランス語，フランス人	French	
□ インド人	Indian	
□ 中国語，中国人	Chinese	
□ 韓国［朝鮮］語，韓国［朝鮮］人	Korean	
□ ドイツ語，ドイツ人	German	
□ イギリス人	British	
□ イタリア語，イタリア人	Italian	
□ オーストラリア人	Australian	
□ スペイン語，スペイン人	Spanish	

食べ物・職業

066

□	パン	bread	
□	サンドイッチ	sandwich	
□	ピザ	pizza	
□	サラダ	salad	
□	カレーライス	curry and rice	
□	スパゲッティ	spaghetti	
□	ステーキ	steak	
□	スープ	soup	
□	ケーキ	cake	
□	アイスクリーム	ice cream	
□	クッキー	cookie	
□	チョコレート	chocolate	
□	ポップコーン	popcorn	
□	ハンバーガー	hamburger	
□	フライドポテト	French fries	
□	めん	noodles	
□	チャーハン	fried rice	
□	チーズ	cheese	
□	オムレツ	omelet	
□	コーヒー	coffee	
□	紅茶	tea	
□	医者	doctor	
□	看護師	nurse	
□	先生	teacher	
□	事務員	office worker	
□	音楽家，ミュージシャン	musician	
□	俳優／女優	actor / actress	
□	作家	writer	
□	漫画家	cartoonist	
□	弁護士	lawyer	
□	パイロット	pilot	
□	客室乗務員	flight attendant	
□	警察官	police officer	
□	大工	carpenter	
□	消防士	firefighter	
□	獣医	vet	

□ 編集協力　㈱シー・レップス　今居美月　鹿島由紀子

□ 英文校閲　Michael Howard Maesaka

□ アートディレクション　北田進吾

□ 本文デザイン　畠中脩大　堀由佳里

□ イラスト　SANDER STUDIO

□ 録音　高速録音㈱

□ ナレーション　Josh Keller　城内美登理

シグマベスト
中学英単語MAX
聞いて書いて覚えるノート

編　者　文英堂編集部
発行者　益井英郎
印刷所　中村印刷株式会社
発行所　株式会社文英堂
〒601-8121　京都市南区上鳥羽大物町28
〒162-0832　東京都新宿区岩戸町17
(代表)03-3269-4231

●落丁・乱丁はおとりかえします。